英语思维以及跨文化沟通能力培养

索成秀 ◎ 著

吉林大学出版社
·长春·

图书在版编目（CIP）数据

英语思维以及跨文化沟通能力培养 / 索成秀著 . --长春：吉林大学出版社，2022.12
ISBN 978-7-5768-1340-1

Ⅰ.①英… Ⅱ.①索… Ⅲ.①英语—教学研究—高等学校 Ⅳ.① H319.3

中国版本图书馆 CIP 数据核字 (2022) 第 250758 号

书　　名	英语思维以及跨文化沟通能力培养
	YINGYU SIWEI YIJI KUAWENHUA GOUTONG NENGLI PEIYANG
作　　者	索成秀　著
策划编辑	殷丽爽
责任编辑	董贵山
责任校对	安　萌
装帧设计	李文文
出版发行	吉林大学出版社
社　　址	长春市人民大街 4059 号
邮政编码	130021
发行电话	0431-89580028/29/21
网　　址	http://www.jlup.com.cn
电子邮箱	jldxcbs@sina.com
印　　刷	天津和萱印刷有限公司
开　　本	787mm×1092mm　1/16
印　　张	10.75
字　　数	200 千字
版　　次	2023 年 8 月　第 1 版
印　　次	2023 年 8 月　第 1 次
书　　号	ISBN 978-7-5768-1340-1
定　　价	72.00 元

版权所有　翻印必究

前言

中西文化在思维方式上存在着明显差异,这些差异必然对语言产生影响。跨文化交际在高校英语教学中占据的地位越来越高,跨文化交际的实践与高校英语思维教学存在着一定的关联。通常情况下,可以通过教学培训学生的跨文化能力,也可以通过跨文化意识培养的途径,提升学生的学习意愿,丰富和完善其知识结构。

中西文化在思维方式上的差异对各自的语言交际产生了很大的影响。总体上,中西文化差异是影响跨文化交际的核心,进而又分支出价值观、语言差异、社会心理、人际关系等多个不同要素。例如,大学生跨文化意识和交际能力薄弱、跨文化教育的内容缺失等。另外,还有大学英语教学中民族中心主义对文化交往的障碍、母语文化缺失对跨文化交际的障碍等。其内容涉及对大学英语培养目标、大学英语教材、大学英语教学方法和大学英语师资等方面的建议。为了将上述建议转化为现实,笔者主张高校英语教师要具备跨文化传播意识与高校英语教学思维。因此,只有深入探讨跨文化传播中的文化障碍和障碍产生的原因,才能有效地进行跨文化传播中的网络英语教学,才能正确处理教与学的关系、正确理解教材与教学的关系、正确处理语言知识和语言技能之间的关系、全面培养学生主动学习、自我完善的意识等。

本书第一章为导论,主要围绕研究背景及研究意义、"英语思维"概念的界定、"跨文化沟通能力"概念的界定等方面展开探论。第二章讲述了语言和思维,主要从语言思维研究的历史回顾、语言思维的内涵、组合与特征、语言思维的培养策略、语言思维模式的培养与外语的教、学及用等方面展开分析。第三章为中英语言思维对比分析,对于中国人的语言思维特性、英美国家人士的语言思维特性、中西方语言思维及文化差异分析、英语思维及英语思维教学模式研究、英语思维能力培养对高校英语教学的启示进行了一定的分析。第四章为文化、语言与沟通,主要从文化、语言、沟通的概述,文化与语言、沟通三者之间的关系方面展开。

第五章是跨文化沟通能力概述，从跨文化沟通的基本问题、跨文化沟通能力理论、跨文化沟通能力分析、影响跨文化沟通能力的因素几方面展开了论述。第六章为英汉思维文化差异与跨文化沟通，分别从思维差异对跨文化沟通能力的影响、跨文化沟通中言语交际能力与思维模式、英汉语语用文化与跨文化沟通、英汉语翻译与跨文化沟通几个方面论述。第七章为跨文化沟通与高校学生英汉思维模式转换，主要从语言运用与跨文化思维原则、跨文化沟通与思维构建、跨文化沟通能力的培养与高校英语教学几方面展开。

笔者在撰写本书的过程中，得到了许多专家学者的帮助和指导，参考了大量的学术文献，在此表术真诚的感谢。但笔者水平有限，书中难免会有疏漏之处，希望广大同行及时指正。

作者

2022 年 1 月

目　录

第一章　导　论 ··· 1
　第一节　研究背景及研究意义 ··· 1
　第二节　"英语思维"概念的界定 ·· 2
　第三节　"跨文化沟通能力"概念的界定 ···································· 4
　第四节　小结 ·· 6

第二章　语言思维 ·· 8
　第一节　语言思维研究的历史回顾 ··· 8
　第二节　语言思维的内涵、组合与特征 ····································· 9
　第三节　语言思维的培养策略 ··· 14
　第四节　语言思维模式的培养与外语的教、学、用 ··················· 16
　第五节　小结 ·· 17

第三章　中英语言思维对比分析 ·· 19
　第一节　中国人的语言思维特性 ·· 19
　第二节　英美国家人士的语言思维特性 ··································· 21
　第三节　中西方语言思维及文化差异分析 ································ 25
　第四节　英语思维及英语思维教学模式研究 ···························· 36
　第五节　英语思维能力培养对高校英语教学的启示 ··················· 39
　第六节　小结 ·· 41

第四章　文化、语言与沟通ㆍㆍ42

  第一节　文化的概述ㆍㆍ42

  第二节　语言的概述ㆍㆍ44

  第三节　沟通的概述ㆍㆍ45

  第四节　文化与语言、沟通三者之间的关系ㆍㆍㆍㆍㆍㆍㆍㆍㆍㆍㆍㆍㆍㆍㆍㆍㆍㆍㆍㆍㆍㆍㆍㆍㆍㆍㆍㆍㆍㆍㆍ47

  第五节　小结ㆍㆍ51

第五章　跨文化沟通能力概述ㆍㆍㆍ52

  第一节　跨文化沟通的基本问题ㆍㆍㆍ52

  第二节　跨文化沟通能力理论ㆍㆍ86

  第三节　跨文化沟通能力分析ㆍㆍ93

  第四节　影响跨文化沟通能力的因素ㆍㆍㆍ97

  第五节　小结ㆍㆍ98

第六章　英汉思维文化差异与跨文化沟通ㆍㆍㆍㆍㆍㆍㆍㆍㆍㆍㆍㆍㆍㆍㆍㆍㆍㆍㆍㆍㆍㆍㆍㆍㆍㆍㆍㆍㆍㆍㆍㆍㆍㆍㆍㆍ99

  第一节　思维差异对跨文化沟通能力的影响ㆍㆍㆍㆍㆍㆍㆍㆍㆍㆍㆍㆍㆍㆍㆍㆍㆍㆍㆍㆍㆍㆍㆍㆍㆍㆍㆍㆍㆍㆍㆍ99

  第二节　跨文化沟通中言语交际能力与思维模式ㆍㆍㆍㆍㆍㆍㆍㆍㆍㆍㆍㆍㆍㆍㆍㆍㆍㆍㆍㆍㆍ101

  第三节　英汉语用文化与跨文化沟通ㆍㆍ103

  第四节　英汉翻译与跨文化沟通ㆍㆍㆍ104

  第五节　小结ㆍㆍ131

第七章　跨文化沟通与高校学生英汉思维模式转换ㆍㆍㆍㆍㆍㆍㆍㆍㆍㆍㆍㆍㆍㆍㆍㆍㆍㆍㆍㆍ133

  第一节　语言运用与跨文化思维原则ㆍㆍㆍ133

  第二节　跨文化沟通与思维构建ㆍㆍㆍ135

  第三节　跨文化沟通能力的培养与高校英语教学ㆍㆍㆍㆍㆍㆍㆍㆍㆍㆍㆍㆍㆍㆍㆍㆍㆍㆍㆍㆍㆍ152

  第四节　小结ㆍㆍ164

参考文献ㆍㆍㆍ165

第一章 导 论

随着我国社会经济的不断发展与国际交往的日益增多，学生出国交流、深造的机会也随之增加。英语学习更是受到全国上下的高度重视，这体现出国人空前的开放意识及想与世界交往的迫切心态。但是国际社会的复杂性和文化的多样性告诉我们，有效的交流不仅是一个语言技巧问题，还涉及许多文化因素。本章为导论，主要围绕研究背景及研究意义、"英语思维"概念的界定、"跨文化沟通能力"概念的界定等方面展开探讨。

第一节 研究背景及研究意义

一、研究背景

随着全球化的进一步发展，中国在国际社会中扮演的角色越来越重要。为了积极响应中国在参与全球治理过程中应当承担的责任，我们的国家需要与全球范围内的其他国家进行频繁的交流和合作，尤其是中美之间的合作，几乎决定着目前全球经济、政治、文化、科技格局的发展。然而，中外之间任何交流与合作都是在跨文化的背景之下进行的，需要借助两国对于对方语言和文化的理解进行沟通。跨文化背景之下的语言交际，不仅需要充分尊重对方国家的文化和语言体系，同时也需要在相应的语言交际中规避因双方文化背景不同而造成的沟通误解。事实上，当来自不同国家、不同地区、拥有不同文化背景的人，在进行沟通交流时，文化之间存在的差异往往会使他们之间的交际产生一些障碍、误解、困惑，甚至冲突。

二、研究意义

跨文化能力培养和大学英语教学关系密切,两者共生共存。大学英语教学的总目不仅在于对学生语言应用能力的培养,更需要注重对学生处理语言问题和文化问题能力的培养,使学生在不同的文化背景下都具备良好的跨文化意识和一定的跨文化能力。跨文化教学的最主要的目的是满足社会对专业性人才的需求,专业性人才不仅是具备良好语言应用能力的人才,更是具备跨文化沟通素养的人才。跨文化能力与大学英语教学行动的有机融合有助于教学目标的实现,提高国家语言综合实力,传播我国优秀文化,对于提升国家软实力及加强与世界各国的交流来说具有重要意义。

第二节 "英语思维"概念的界定

一、思维

思维在汉语词典中的概括是人类大脑对于客观事实反映的一个过程,具体来说,它是在表象和概念的基础上进行的分析判断和推理等活动。思维属于精神上的活动,同时也能够从社会的实践中产生。思维是人类大脑中的功能,它能帮助人们客观展开分析,语言方面也是如此,可通过事项将语言转化为现实,语言就像思维的载体和工具,但却不是唯一。语言属于思维却不能代表思维,它可以对人类的某些思维造成不同程度的影响,将语言比作思维的工具最合适,因为思维在语言当中的作用就是可以促进语言表达形式的多元化,简单来说,就是思维方式的不同势必会影响人们在语言表达上的差异。思维作为人类的大脑机能之一,可直接反映出客观事物,帮助人们进一步了解和认识世界,无论是各国家还是民族,在面对客观事实的认识时都有着共同特点,而思维规律便是现实在人类大脑中的反映,这对于全人类而言都是共性。所以英汉思维在本质上就很统一,因为人类都生活在同一个世界中,语言能反映出共同特性,就算不同的民族在语言的表达形式上存在差异,但却能在语言上进行转换。也正是因为这种共性给不同民族在交流上提供可行性,让各种语言在翻译时有一定的思想基础。但因为很多民族在生存环境和生活习性，以及文化信仰等方面有所不同，各地人民的思维方式各具特点，因此产生了很多语言形式，在词汇和句法结构上便能体现。不同民族的思维具有个性，其能进一步凸显在人类语言表达中，正是因为这些个性差异形成了语言翻译时的障碍。

二、英语思维

（一）语言特征

语言的五个特征实际上是相互关联的，不能截然分开。为了研究的便利，笔者在这里加以分点陈述。

1. 曲折变化

欧洲民族不断迁徙，无法对语言详细记载，因此只能采用拼音文字。拼音文字先音后形，决定了语音在印欧语系中的突出地位，逐渐完成了综合—分析语的建构。综合—分析语的特征决定了英语需要通过曲折变化完成精确概念的表达。因此，曲折变化成为英语语言的重要特征，成为英语思维关注的一个要点。

2. 精确表达

印欧语系的语言大都体现了精确性。英语属于印欧语系，精确性凸显，严格的语法规则在英语中十分重要。英语当中的主语与谓语构成了提挈整个全局的轴线，补语与宾语的句子，则在主线上进行延伸，状语与定语的成分则是分支线，并将主轴线与关联词相连接，使英语的整个句子更加严密紧凑。

英语思维的精确表达主要体现在以下方面：代词有主格、宾格、属格，以及单、复数之分；名词有单数、复数之分，动词有18种形态（助动词do、情态动词除外，每个动词都有谓语形式3种，非谓语形式15种）。"英语思维"的这个外显因素繁多，许多学生难以把握这些因素，成为他们学习英语的"拦路虎"。许多学生的英语思维质量低下，在很大程度上是因为未能把握好这个语言特征。

（二）文化特征

1. 价值观

英语国家鼓励"个性"与"竞争"，主张对个人隐私、私有财产实施保护措施。在英语国家，个体主义是一个重要的概念，随意询问别人的隐私是很不礼貌的。

学生是否掌握"英语思维"这个外显因素，在很大程度上决定他们能不能顺利完成跨文化沟通。

2. 思维方式

逻各斯在西方始终占着统治性的地位，"逻辑"是一切分析、推理、评价的基础。因此，逻辑思维和批判性思维是英语思维的重要外显形式。英语国家的教科书提及的事实（包括真理与认定）所享有的"事实地位"并不是恒定不变的。恰恰相反，一旦进入教科书，这些事实立即成为所在学科前沿学术研究的靶标。从被采用为教科书起，这些事实就理所当然地处于被重新审视、修正，甚至推翻的过程中。而且绝不是被毕恭毕敬地尊崇为所涉及领域的知识或"机构性事实"的集大成。学生是否掌握"英语思维"这个外显因素，在很大程度上决定他们是否真正了解英语及英语国家。

第三节 "跨文化沟通能力"概念的界定

一、跨文化沟通的兴起和发展

（一）跨文化沟通的兴起

跨文化沟通的概念出现较晚，至今没有形成一致认识。有的学者认为跨文化沟通是"特定场景中合适而有效的行为"，有的学者认为"跨文化沟通是来自不同文化人与人之间的人际交往"。虽然各学者对跨文化沟通的理解各有不同，但是在英语学习中注入英语国家文化已无争议，因为语言与文化的联系是天然的，不论你愿不愿意引入文化，文化输出始终伴随在英语学习中。跨文化沟通已经成为我们时代的一个突出特点，只是没有察觉到而已。语言和文化本是一体，语言即文化，学习语言即学习文化，使用语言即展示文化，因此教师教授语言不能不教授文化。

随着网络的发展，世界各国间的距离越来越小，跨文化沟通与日俱增，跨文化教学研究越发深入，语言学者越来越明确地意识到文化能力作为交际能力的一部分，在跨文化沟通中具有重要意义，之后许多国家纷纷行动起来，在外语教学大纲中对文化教学目的做出要求：20世纪50年代美国将文化列入外语教学大纲；1962年瑞典将文化教学列入中学的外语教学大纲；1974年挪威、1975年丹麦也都将文化列入外语教学大纲。1972年联合国教科文组织发表《学会生存》一文，提出各国应重视不同文化的学习和交流。

我国罗常培先生是语言和文化关系研究的第一人，20世纪50年代初出版专著《语言和文化》，20世纪70年代末80年代初开始探索交际英语文化的教育，许国璋、胡文仲、邓言昌、刘润青等人都对语言和文化进行了深入探讨，大大推动了中国语言和文化研究，跨文化沟通意识和能力培养引起广泛重视。

（二）跨文化沟通的发展

跨文化沟通理论之前，英语教学在很长一个阶段是行为主义理论占据统治地位，人们普遍认为重复练习是语言学习的不二法则，直至20世纪50年代后期情况才发生改变。艾弗拉姆·诺姆·乔姆斯基（Avram Noam Chomsky）从心灵主义理论出发，大胆否定行为主义理论基础，提出"语言能力"这一新概念，并提出交际能力培养的问题。他认为语言知识属于交际能力的一部分。语言和文化是密不可分的关系，人们意识到忽视文化知识现象不能继续下去了。20世纪80年代起，随着国外社会语言学研究成果在国内的介绍，加上中国哲学界对中西文化内涵等问题的讨论，国内语言学界掀起了一股文化语言学热。中国英语教育紧跟时代变化，将跨文化沟通能力培养列为外语教学的重要目标。英语教学由重语言知识到重文化知识，是跨文化沟通过程中的实际需要，在人际交往中如果文化失误，会致受话人产生不礼貌、不友好的感觉，产生误解甚至仇视，相对发音、用词、语法方面的错误，文化错误往往不能谅解。学习英语的目的是信息交流、知识互补、人际沟通、拓宽视野。中国外语教学在中华人民共和国成立初期，由于当时的现实状况，实行"一边倒"的俄语教学，不久中苏关系破裂，英语开始受到重视，多边交往的国家战略致俄语教学渐渐淡出。1963年为适应国际交往需要，国家有计划地在全国开设八所外语学校，开始注重培养外语人才。1966—1976年期间，外语教学备受冲击，外语人才大量流失。改革开放时期，外语教学进入高速发展期。国际交往、对外开放，外语交际能力的人才十分紧缺，为此，外语课程目标从强调双基过渡到交际能力。在这一阶段，外语地位极高，学习外语和外语文化也极为重要，培养跨文化沟通能力的认识空前提高，总之从上至下，方方面面纷纷行动起来。由此可见，随着外语专业高校增多，人们对跨文化沟通意义的认识逐渐提高，跨文化沟通得到了一定的发展，当然也不可避免地存在一定的误区。

二、跨文化沟通能力

跨文化能力是指与其他文化背景的人以同等的方式思考和行动的能力，包括识别、经历文化差异的能力和在跨文化情境下的必要知识积累。跨文化能力的定义是一个相对复杂的体系，包括能力的各个方面。有的学者认为它是文化的自我意识、文化的适应策略及跨文化的共情能力的具备这样的能力，人可以在跨文化的情境中表现得更为得体。因此，跨文化能力是跨文化沟通能力的基础要素。

沟通能力是国际交流的核心能力。学习外语的主要目的之一是能够对外交流。沟通是学习语言的终极目标，没有沟通能力作为支撑，沟通将很难进行下去。沟通这不仅是熟练的语法表达，也是将语言用于不同社会文化情境的应用能力。沟通能力模型将沟通分为语言能力、社会语言学能力和策略的能力。这个模型从某种程度上构成了沟通能力的必要因素。

第四节 小结

在当前社会发展的趋势下，全球化势不可挡，全球化的浪潮席卷了各个国家和地区，使得不同国家之间和地区在各方面的交流更加密切。英语作为当前世界上主要的国际通用语言，重要性不言而喻。但是每个国家有每个国家的历史、文化、习俗等，差异必然存在，这也就会在不同国家的人民交往过程中成为阻碍，跨文化沟通能力的培养也基于此应运而生。跨文化沟通能力指不同背景下的人们需要克服文化背景、语言使用方面的差异，顺利地进行交流与沟通，使得文化不同的人们能够对另一方的行为或意识有一定的了解。但是国家之间文化、语言等方面存在一定的差异，想要顺利开展沟通，就必须掌握一定的文化知识，这就意味着在培养过程中必然会对文化教学有所涉及，不可避免。而这第一步需要打下坚实的基础，只有对本国文化有充分的掌握和了解，才能够在此基础上更好地理解各国之间的差异，实现沟通与交流，避免因文化之间的不同而造成的误解，影响沟通的实效性。除此之外，在跨文化背景下，高校学生想要学好英语也需要具备一定的英语思维能力，这可以帮助学生快速提升学生学习英语的能力，同时也有助于提升学生的跨文化沟通能力。

第二章　语言思维

文化的发展必须依靠社会成员的集体创造，借助语言这个交际工具，社会成员之间才能进行沟通和达到相互理解。不同民族文化的相互交流也要通过语言。本章讲述了语言和思维，主要从语言思维研究的历史回顾、语言思维的内涵、组合与特征、语言思维的培养策略、语言思维模式的培养与外语的教、学及用等方面进行分析。

第一节　语言思维研究的历史回顾

一、国外对语言思维的研究

萨丕尔和他的学生沃尔夫提出了有关语言、文化、思维三者的关系的观点，即萨丕尔－沃尔夫假说。该假说指出，"语言形式决定着语言使用者对宇宙的看法；语言怎样描写世界，我们就怎样观察世界；世界上的语言不同，所以各民族对世界的分析也不同"[①]。萨丕尔－沃尔夫假说的提出开启了对语言和思维深入研究的大门。

在前人研究的基础上，乔姆斯基提出了关于大脑"生成语言词语的演算原理"或词语生成演算表征系统的假设。根据他的观点，大脑的演算表征系统与形成语言结构生成系统是相似的，都具有复杂的语音、语义、结构特征。语言功能的特点是可以生成无穷的具有复杂的语音、语义、结构特性的言语，大脑的词语生成演算系统或生成系统就是所谓的语言，即"作为个人心理一部分的语言，个人掌

---

① 杨元刚．英汉词语文化语义对比研究 [M]．武汉：武汉大学出版社，2008：14.

握这种语言的知识，学习者所习得的、说话人—听话人所使用的都是这种语言"。

纵观当前的研究，大多数的研究者已经承认了思维依赖语言而存在，即语言思维；思维独立于语言而存在，即非语言思维。

二、国内对语言思维的研究

我国的许多学者已经意识到语言思维的存在，并且做了一系列的研究，这些学者们认为语言和思维不会同时存在。从种系发展与个体发展来看，有语言发展中非思维阶段和思维发展中非语言阶段，但是二者一旦产生后就会互相作用和影响。王小潞等赞成桂诗春，关于语言和思维既可以相互结合也可以相互分离的观点。他们认为思维的基础是概念，思维过程就是大脑对概念的处理过程，在此过程中，有时涉及语言有时不涉及。因此，他们把思维分为语言思维和非语言思维，并且把语言思维界定为："语言思维是人类借助语言这种工具进行思维的一种心理现象。"[①]

第二节　语言思维的内涵、组合与特征

一、语言思维的内涵

（一）语言是思维的工具

思维离不开语言，概念在人脑中的产生离不开思维的运作，人类约定指配相应的音响形象后，语言符号便应运而生。因此，抽象思维主要是通过语言这一工具来表达的。思维的表达方式有多种，但是通过"说话"来表达语言的方式，是自然而然的，可以由绝大多数的人类共同拥有的，而非少数艺术家的天赋。离开语言，抽象思维难以表达。

思维不仅离不开语言，思维又影响语言的表达。从认知科学来看，英语思维的人首先关注"意象"，再关注"图式"，而汉语思维的人相反，先关注"图式"后关注"意象"，因此汉语会说"桌子上有一本书"，遵循的是"整体—局部"的

---

① 王小潞，李恒威，唐孝威. 语言思维与非语言思维 [J]. 浙江大学学报（人文社会科学版），2006（3）：29-36.

思维模式，而英语的表达是"There is a book on the desk.",遵循的是"局部—整体"的思维模式。同样，在表达地址的时候，中国人是按由大到小的空间顺序进行表述，而英美人则是按由小到大的顺序进行表述。

从语言形式来看，西方人注重逻辑理性的思维方式，表现在英语里即注意结构和形式的完整性，以形显义，采用各种连接手段严谨地表达意思，包括关系词、连接词、介词及形态变化形式等其他连接手段。与此相反，中国人崇尚"只可意会，不可言传"的观念，注重直觉领悟，表现在汉语里即重意不重形，注重简洁地表达意思，尤其是古汉语没有标点符号，文章也没有分段，读者往往需要依靠语境和语感去领会深层的语义。同样，中国人在语言文字表达中喜欢引经据典，而西方人则喜欢使用自己的语言，以避免陈词滥调，凸显出中国人思维的"后馈性"和西方人思维的"前瞻性"。由此可见，英语和汉语在语言特征方面存在差异，凸显出说两种语言的人之间思维方式的不同。

（二）思维是语言的内容

语言离不开思维，抽象思维是人类独有的生理机能，与黑猩猩相比，虽然我们发音的生理基础几乎相同，但是人类高级的抽象思维能力使人们可以产生丰富多彩的语言。没有思维就不能组织语言，思维形式首先表现和记载在语言中。对于聋哑人来说，他们虽然具备高级的抽象思维能力，但是却由于某种生理缺陷不能说话，然而这并不代表他们没有语言。广义的语言还包括盲文、手语、旗语等副语言，通过非语音形式的语言也同样能达到沟通和交流的目的。

语言必须依附于思维而存在，从某种程度上而言，思维是产生语言的根本性因素，是语言生成和发展的深层机制，对语言有着巨大的影响。例如，西方人自古以来就擅长抽象思维和理性分析，因此语言中也多用抽象表达法，尤其是多用专门抽象名词，讲求形式逻辑，让事物以客观冷静的语言表达出来。与此相反，中国人擅长直觉思维和形象思维，常使用形象性词语使抽象意义具体化，注重"立意于象"，力求生动逼真地表现各种情感和感悟。然而，也不能偏激地认为思维决定语言，因为在不同的语言中，也可以找到思维的共性，不同语言所表达的概念模式也具有普遍性。跨语言的事实表明，隐喻和转喻是人类认知客观世界的主要思维方式，不同语言中的身体词汇具有普遍的隐喻与转喻类型，如在汉语中"手"在"选手""歌手"中可以转喻为"人"整体，人们同样在科普特语中发现了"手"可以指代施事这一语义角色;再如"脚"在汉语中可以隐喻"下""底"等空间方位,人们在西拉卡约班语和基西语中发现了同样的隐喻类型。

(三)思维是文化的基础

思维是文化的基础。上文提及过,思维是语言表达的内容,语言是文化传播和发展的载体,因此思维是文化的基础。思维通过语言反映出来,进而形成一种文化,而文化的发展能够丰富语言的内涵,反过来又能够使思维得到发展和活跃。因此,思维是形成特定文化的基础,思维与文化相互影响、相互制约。

每一种文化都有特定的心理倾向,取决于特定的思维方式。西方人的思维表现出分析性和逻辑性,强调结果,注重从事物的本质来把握现象。中国人的思维则体现出整体性和直觉性,追求浑然一体,注重对整体进行综合的考察,这与东西方地域特征和历史发展条件息息相关。西方人在古代由于地域狭小,因此不断殖民扩张,培养了自身的开拓精神、分析理性精神和外向开放的思维方式。而中国则重视农业经济,尤其重视以中国古代的儒家思想为核心,强调群体的文明和谐,追求"天人合一"的整体性思维。不同的发展条件造就了不同的逻辑思维形式,通过语言这一载体工具的表达,形成异样的文化。

(四)文化是思维的反映

文化是思维在语言上的反映。思维以一定的方式体现出来,表现于某种语言形式之中,最终反映出不同的文化特征。西方人强调个人理性的思维方式,反映在句式结构上是横向的句块,每个句子中的句块都是"马头"在前,形成一种"自由竞争"的局面,反映在文化中则是倡导个人主义,认为个体是单独的、自由的,主张个性解放,反对外界桎梏。中国人强调整体性的思维方式,讲究整体和谐,反映在汉字上就是方块结构的文字,讲究结构形体,而反映在文化中则是倡导集体主义,把个体看作是群体的一部分,注重个人道德修养,追求社会稳定和谐。由此可见,不同的思维方式通过语言表达出来,进而反映出不同的文化特征。

另外,思维方式是历史的产物,不同历史时代存在不同的思维方式,每一个时代的思维方式反映该时代特有的文化特征。例如:古人思维能力弱,对世界的感知较模糊,其思维方式具有意会感悟的直觉性和模糊性,反映出古代生产力低下,科学发展水平较低,社会文化主要依靠语言文字进行记载;而近现代人思维方式注重综合性、系统性和创造性，可见科学技术的迅猛发展促使生产力发生巨大变化，信息化和符号化已成为社会语言文化发展的主流。

二、语言思维的组合

思维模式系由句法模式、语义模式、语用模式、逻辑模式和社会文化模式五大元素融合而成。思维模式的组合可以概括成两大类：一类是语言和思维的融合；另一类是语言和文化的融合。

从思维模式的视角来看，这种融合指语言和逻辑思维的结合，两种语言的转换实际上是逻辑思维结构上的转换。

【例 2-2-1】

英—汉

Her eyes lit up with joy.

原译文：她的眼睛因喜悦而目光炯炯。

参考译文：她因喜悦而目光炯炯。

【例 2-2-2】

中—英

他爱好用黏土制作模型。

原译文：His hobby is to model in clay.

参考译文：He models in clay as a hobby.

上述参考译文均在英汉思维模式转换上比原译文高出一筹，显得自然而又传神。

三、语言思维的特征

（一）英语思维模式特征

一般来说，英语思维模式运行的特征是侧重于常规的说法：形合，即语义的合成主要通过外显形标记（如 who、when、gerund、infinitive、participle 等）连接词来实现。从认知语义学的视角来分析，英语连句的语义合成是通过网络节点，把概念结构的成分用节点串联成一个有机的统一整体。

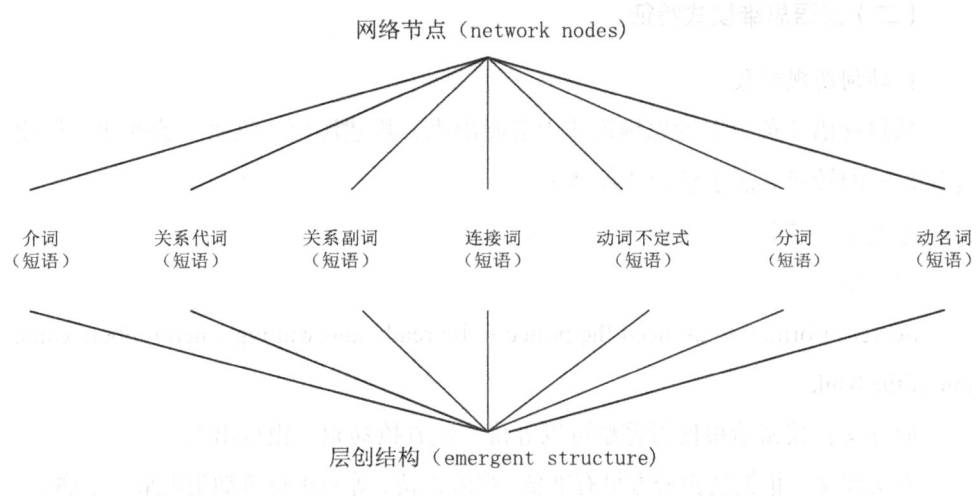

```
                      网络节点（network nodes）
                              /|\
                           / / | \ \
         介词      关系代词   关系副词   连接词   动词不定式   分词   动名词
        （短语）   （短语）  （短语）  （短语）  （短语）   （短语）（短语）
                           \ \ | / /
                              \|/
                      层创结构（emergent structure）
```

图 2-2-1　概念结构流程图

1. 关系词凸现结集

【例 2-2-3】

汉—英

约翰被他父亲逼急了，也就顾不得老婆的叮嘱，说出了事情真相。

Hard pressed by his father, John told the truth in spite of his wife's warning.

从以上的例句中可以看出，英语中以关系词为中心的概念结构与汉语中以动词为中心的概念结构形成鲜明反差。

2. 严格遵循英语思维模式的运行规律

在使用英语时，要严格遵循英语思维模式的运行规律，不受汉语词语在结构配置上的制约，突破词性、词义和词序整合而成的框架，并力求语言精练，言简意赅，用词精准，文字得体。

【例 2-2-4】

汉—英

他是在装疯卖傻。

He was just acting crazy.

英语思维模式的特征最终可归结为语义解码和语义编码，即先把概念解码成动态的、递归式概念结构，再给概念编码成动态的、递归式结构动态的、递归式概念结构。简而言之，就是语义编码倚重于语义解码，语言的清晰依赖思维的清晰。

(二)汉语思维模式特征

1. 动词凸现结集

从目标语(英语)的思维模式中解脱出来,构建源语(汉语)的框架,促使思维模式的转换聚焦于动词凸现结集。

【例 2-2-5】

英—汉

Secret information allowed the police to be ready and waiting when robbers came out of the bank.

原译文:秘密情报使得警察可以等待,候着抢劫犯从银行出来。

参考译文:根据情报警方早有准备,严阵以待,等着银行抢劫犯出来一举擒获。

2. 遵循汉语思维模式运行规律

遵循这一规律时应不受英语词语在结构配置上的制约,充分发挥汉语思维模式动词凸现结集的作用,不断地在结构上加以调整,并力求语言精练,言简意赅,用字精准而又得体。

(1)结构调整

【例 2-2-6】

has emerged from the relative obscurity of a Harvard professorship...

从一个不甚著名的哈佛大学教授一跃而成为……

(2)用词精准

【例 2-2-7】

this energetic balancer of power...

这位精力充沛的纵横捭阖的专家……

第三节 语言思维的培养策略

一、创建良好的语言环境,让学生想"说"

通常来说,若教师想培养学生良好的语言表达能力,最主要的就是让学生喜欢语言表达。若教师想要引导学生说,需要做到以下几点。第一,引导学生,给他们一些想要讨论的话题，教师要为学生营造良好的语言环境，让学生想说。例如，教师可以给学生展示一些幼儿时熟悉的场景图片，让学生进行交谈。第二，需要注意的是，教师不要给学生压迫感，也不要总是高高在上的样子，容易降低学生谈论的欲望，失去交流的兴趣。例如，教师可以在课堂上与学生聊一聊上个周末做了哪些有趣的事情，玩得开不开心，跟谁一起玩，等等。这些都是学生亲身经历的事情，沟通起来比较容易，但是对于一些内向的学生来说，教师可以简单地说一下自己周末做的有趣的事情，营造轻松交流氛围，消除学生害怕的心理，让学生也能主动去说。

二、选择学生熟悉的话题，让学生爱"说"

众所周知，学生最容易说也最愿意说的话题就是自己经历过及认真思考过的话题，这也为教师进行沟通提供了良好的基础，也只有这样才能帮助学生找到属于自己的话题，让学生敢说。而当学生在说时，教师也要注意无论学生说的事情有无条理性，都应该认真倾听。在教学中可以结合学生关心的话题让学生畅所欲言，当大部分学生都参与到话题的讨论中，班级的气氛也就上去了，学生也能在没有压力的情况下表达自己的心中所想。

三、以阅读理解为主，让学生进行注解性批注

批注指在阅读、思考的基础上，用批注符号和文字来评价和注解内容的阅读方式。批注是一种个性化的阅读行为，可以深化读者对文本的理解，从而有更多更深的感悟，同时还可以锻炼读者的逻辑思维和语言表达能力。在教学中，让学生进行批注式阅读，有助于学生对文本更好地认识、理解和吸收。在阅读教学中，阅读理解是最基础的部分。教师要明确阅读批注的目标，给予学生引导和启示，开展知识性批注活动，让学生顺利进入批注阅读情境，从整体感知文本内容。

四、多角度探究文本，激活学生的思维与想象

思维与想象是创新的起点。教材中收录的许多课文都是名家名篇，内容文质兼美。不同的人在阅读课文时，视角不同，感悟也有所不同。在阅读教学中，教师要改变过去那种将自己的思想直接灌输给学生的做法，要将读的权利交给学生，

让学生抓住自己感兴趣的点或细节，从多个角度对文本进行探究式批注，同时要及时点拨学生，鼓励学生在批注的同时去假设、想象和推断，以激活学生思维的主动性和积极性，培养学生的思维、想象能力及语言表达能力。

五、引导学生质疑和评价，开展评价式批注

"前辈谓学贵知疑，小疑则小进，大疑则大进。"质疑，可以调动学生探索的欲望，促进学生思维发展。目前，高校课程改革非常重视对学生质疑精神、创新思维能力的培养。阅读是一项综合性活动，批注式阅读中的评价式阅读兼具"工具性"和"过程性"特点，是培养学生质疑精神、思维能力的有效载体。在阅读教学中，教师要有意识地借助评价式批注让学生质疑文本，发现问题，探究问题，鼓励学生大胆提出自己的看法，这样学生会获取更多的知识，学生的思维语言表达能力得到了很大提升。

第四节　语言思维模式的培养与外语的教、学、用

一、英语教学中的模仿训练

在近几年的英语教学中，很多教师开始注重语音模仿训练，让每个学生明白语音在英语学习中的重要地位。模仿不是机械重复，而是要求学生注意语音、语调、语气、句子的停顿和节奏的训练，培养学生讲清晰、流利的英语口语的能力。学生在紧张欢乐的氛围中既获得知识，又不易产生心理疲劳，有效地避免学生在课堂上注意力不集中的现象。

二、英语教学中的创造训练

只有简单的听和说远远达不到学好英语的目的。大量的模仿训练可帮助学生掌握熟练的发音及口语的基本技巧，巩固基础知识，但是，如果只模仿地说，而忽视创造地说，很难培养出真正的口语能力。

要想让学生流利地使用英语交谈，首先必须培养英语口头造句能力。课堂上，

教师每教一个新单词，都要让学生用这个新单词自由造句，这不仅能帮助学生更好地理解单词的意思，知道这个单词的用法，还能够帮助学生复习学过的句型，同时也锻炼了学生的创造性思维。在造句的过程中，学生自然而然地掌握了新单词。大学生的思维具有直观性、形象性，同时也具有内在的创造性。所以，教师应尽可能地培养学生思维的灵活性和变通性，发展学生思维的独特性和新颖性，给学生提供发挥创造性思维的机会。这样学生不仅巩固了句型，还能用学过的单词记忆新的单词。要引导和培养学生的创新能力，教师在教学中也应重视创新。只有具有创新能力的教师，才能更好地培养学生的创新能力。

三、创设良好的英语学习环境

在英语教学中，模仿和创新仅靠课堂教学是远远不够的。因此，教师要创设英语学习氛围，帮助学生进行深入的练习。可以每月组织学生开展一次英语文化周活动，如英语电影配音和情境模拟表演。电影是一个很好的媒介，不仅为学生提供了丰富生动的画面，更重要的是其地道的英语对话，能增强学生对英语语言文化的感性认识，加深对西方文化的了解。首先，节选一些比较有趣的精彩电影片段，让学生仔细观看，熟悉材料之后根据画面模仿练习其中的精彩对白。在挑选影片时必须考虑学生的认知水平，对白最好简单易懂，词汇不易过难，俚语不宜过多，影片基调也应是积极向上的，这样学生模仿起来才不会产生畏难情绪。

第五节　小结

我们的语言和思维可以跨越时间和空间，例如，教师可以把古今中外的知识在课堂上传递给学生。思维和语言是人类反映现实的意识形态中两个互相联系的方面，它们的统一构成人类所特有的语言思维形式。思维是人脑的机能，是对外部现实的反映；语言则是实现思维、巩固和传达思维成果即思想的工具。因此，语言是思维的重要条件。思维与语言的先后顺序一直都是哲学家和语言学家长期以来关注的重点。古希腊哲学家柏拉图和亚里士多德都曾对语言和思维的关系和作用提出了独特的不同见解。柏拉图认为思维在本质上就是一种属于人内部的、无声的语言。因此，在教学过程当中，柏拉图非常重视对学生思维能力的培养。

除此之外，语言与思维是实现跨文化沟通的前提与基础，与此同时学生只有不断提升自身的语言与思维品质，才能够最大限度地提升自身跨文化沟通能力。

第三章　中英语言思维对比分析

不同民族的思维既有共同和相似之处，同时也具有单一和特殊之处。人类作为一种生物，具有共同的生理属性，即人类的大脑功能。此外，人类发展的进程大体一致，这就奠定了不同民族思维的共同基础。同时，人类大脑功能的复杂性，使得具有相同或者不同经历、不同种族和文化背景的人形成具有差异性的语言思维方式。本章对中、英语言思维进行对比分析，对于中国人的语言思维特性、英美国家人士的语言思维特性、中西方语言思维及文化差异分析、英语思维及英语思维教学模式研究、英语思维能力培养对高校英语教学的启示进行了一定的分析。

第一节　中国人的语言思维特性

一、整体思维方式

（一）句式结构方面的差异

中国人习惯先整体后局部地观察事物，注重事物的整体形象或意义，在语言方面，注重语句的整体意思。从语言学角度来说，汉语是意合。意合是指词与词之间的联系是基于词汇所具有的意义的逻辑关系，句子的整体意思不太依靠各种语法连接手段，语法性不明显。中国的很多诗句都体现了先整体后局部的观察顺序，如王维《使至塞上》中的"大漠孤烟直，长河落日圆"；张若虚《春江花月夜》中的"春江潮水连海平，海上明月共潮生"；柳宗元《江雪》中的"千山鸟飞绝，万径人踪灭"；等等，都是从大到小、从整体到细节地描述所见所感。诗人通过感官感受到大自然的瑰丽、壮阔和奇妙后，经过斟酌词汇，把这种感觉直接映射到语言上。

（二）地点时间状语的位置差异

中国人习惯从整体观察事物，而地点和时间往往是事件发生的大背景，所以中国人倾向于先观察时间和地点，然后再去观察在这个时间和地点发生的事情。例如，《孟子》中的名句"天时、地利、人和"就是把天和地放在前面，而人放在后面。又如，"浔阳江头夜送客"就是把地点"浔阳江头"和时间"夜"放到了前面，而具体事件"送客"被放在后面。

（三）名词、形容词和动词构成方面的差异

中国人习惯于整体性思维，所以构词方面有高度的概括性，而英语通常不会使用同一个词语或者同类词语来描述或者定义事物，不特别注重整体与个体的关系。汉语经常把事物命名为一类，整体表现其性质特征，具体表现为对事物的类别和行为进行概括和归类，这种现象往往出现在名词、形容词和动词方面。例如，名词类的四轮马车、三轮车、自行车、小汽车、出租车、卡车、火车、公交车、救护车、消防车等就是把"陆地上有轮子的交通工具"统一命名为"车"，然后再根据各种"车"的特点在其前面添加相应的词汇进行区分。形容词构词方面，汉语基本以"的"结尾，这也体现出了一定的统一性，意思方面的概括性也很明显，描写"白"的常有白字，如洁白的、纯白的、雪白的、乳白的、灰白的、银白的、苍白的、煞白的等；描写"黄"时常带黄字，如金黄的、橘黄的、姜黄的、鹅黄的、深黄的、土黄的、蜡黄的等。动词的构词也有这种现象，只是相比名词和形容词少。

二、圆式思维

思维模式左右着人类的活动，人们从事物中发现什么，不在于他们直接看见什么，而取决于他们看的方式。按照中国人的看法，事物本无现象和本质的对立，只有道和器的区分。"道"指规律，"器"是可见的具体事物。在所谓"混沌"的意识里，世界成为无差别的圆形，从轴心到圆周每一点的距离均是相等的。这是一种颠扑不破、圆满的思维模式。换言之，人们不是在主动地捕捉规律，而是让

生命时间服从于水到渠成、放任自流的自然状况，是典型的静态的圆形心态。

三、推理式思维

老子区分"为学"和"为道"，他认为从经验学来的知识仅是关于具体事物的知识，而要把握世界之一般——道，重推理的思维就必须依靠直观。直观能力的获得在于摒弃感性经验，使心处于"致虚极，守静笃"的状态。这种传统的推理式思维，仍是当今中国人语言思维方式的一个典型特点。仔细研究后不难发现，那些论述某些哲学思想的中国式文章，往往充满了一些语录，格言极不重视逻辑的推证。而且文章中的范畴和概念经常缺乏严格的定义，上下文还可能会使它们产生歧义。以上这些常常会引起文章意义上的模糊性，从而使人难以理解。例如，人们经常会听到类似下面的典型中式论断："这是正确的，但那个也不错。"这样的判断经常令西方人迷惑不解，难以接受，原因就是这种论断具有很大的模糊性。

第二节 英美国家人士的语言思维特性

一、英美国家的批判性思维

人的思维活动就是人对事物状态的认知活动，这种活动既包括通过先天的机能性感知而进行的认知活动，也包括通过后天训练而形成的认知活动。

图 3-2-1　思维要素

　　思维要素内涵是否丰富、全面、深入，决定着思维品质、思维结论的质量好坏。正是因为思维如此复杂，我们更需要对思维本身持有批判性视角、批判性立场、批判性价值取向，方才可能形成真正有品质的思维结果，形成尽可能接近准确的认知与判断。

　　批判性思维的英文是"critical thinking"，"critical"的词根为"crit"，源于希腊文的"kriterion"，是"判断、辨明、区分"的意思。批判性思维起源于古希腊哲学家苏格拉底提出的问答法，其实质就是通过质疑习以为常的观点或解释，辨析它们哪些部分缺乏证据和合理性，最终发现真理。近代哲学家勒内·笛卡尔提出的普遍怀疑论认为现实中的许多观点都有不确定性，在没有分辨真理的情况下，将未经检验的内容作为推理演绎的基础，由此形成的结论和观点是不可信的，这也是批判性思维的一种表现。哲学家康德在《纯粹理性批判》一书中认为"批判"指通过区分而达到确定的结论，"批判"是对理性的一种训练，是理性的自我批判、自我审查和自我拷问。

批判性思维的现代概念源于现代教育创始人杜威的反思性思维，指就某个问题进行反复的、认真的、不断的深思，持续进行探究、调查、深思、探索和钻研，以求发现新事物或者对已知事物有新的理解。反思性思维包含以下几个关键：第一，反思性思维具有目的性，反省思维的目的是发现适合它的目标的各种事实，反省思维旨在求得结论；第二，反思性思维是一个连续的过程。

苏格拉底，西方批判思维之父。西方思想和批判性思维的概念可以追溯到2500多年前的古希腊哲学苏格拉底的观点中，他发现了探索和质疑非理性知识主张的方法。在西方文化中，苏格拉底被认为是批判性思维之父，因为他提出深入探究性问题的重要性，并强调了看到证据的重要性；此外，他还通过分析那些自称拥有真正知识的人的基本概念并阐述这些主张的含义，仔细研究了他们的理由和言辞背后的假设。正如柏拉图所说的那样，这种"苏格拉底式提问"构成了他的教学策略，他推广了这一传统的批判性思维，并为传统的批判性思维理论制定了议程。

随后批判性思维的概念得到了完善和丰富。通过查阅有关这一主题的文献，我们会发现各种定义有助于我们理解批判性思维的本质。约翰·杜威是第一个将批判性思维定义为"反思性思维"的人，即"根据支持某一信仰或假定的知识形式的理由及其倾向的进一步结论，对其进行积极、持续和仔细的思考"，他提出了一个五阶段批判性思维模型，其中包括建议、问题定义、假设生成、推理和假设检验。在这一定义中，杜威指出个体有必要通过反思积极、持久地参与自己的思考过程，对其结论给出理由和解释，并对其进行评估。

罗伯特·恩尼斯关于批判性思维定义的一个主要优点在于它没有将批判性思维限定在论证的范围内。一个论证包括一系列的陈述，一些陈述（前提）是为了给另外一些陈述（结论）提供逻辑上的支持。由于我们可以并且经常将该相信什么和做什么的理由以论证的方式呈现出来，因此批判性思维肯定与论证相关。

总而言之，罗伯特·恩尼斯是发展批判性思维理论的另一位重要人物。他的重点是关于信念和行动的决策，反思的过程和理性的合理性。批判性思维帮助人们决定相信什么及如何解决各种问题。他将批判性思维称为"理性、反思性思维，专注于决定相信什么或做什么"。他培养了一系列批判性思维技能，首先是思想开放和注意其他选择，并制定了 FRISCO 模型。一个批判性的思考者应该总是努力扩大他对某一主题的理解差距，并更多地了解自己所学的东西，在批评中给出合理的理由。如果一个人消息灵通，他对事物的判断就会更加可信和可靠。一个消息灵通的人可以在一份报告中确定结论和假设。换句话说，一个经验丰富的人能够探索并找到证据支持论点的东西，并且能够以人们会接受的方式为论点辩护。该模型还提出，批判性思考者提出相关的合法问题，有助于澄清问题。恩尼斯还解释说，创造性行为如制定假设、建议看待问题的替代方式、提出问题、提出可能的解决方案及制订调查计划，都属于批判性思维。

保罗和埃尔德将批判性思维的本质概括为"思考"的艺术，有两种方式：一种是确定其优点和缺点，另一种是以改进的形式（必要时）重新塑造它。它要求思考者具备分析、评估和创造性思维的技能。对保罗和埃尔德来说，批判性思维是通过关注思维的部分或结构（思维要素）来分析思维，通过关注质量（普遍的智力标准）来评估思维，以及通过使用所学知识（智力特征）来改进思维。因此，他们将批判性思维定义为"思维艺术"，将培养批判性思维能力的方法定义为"思考"。保罗和埃尔德最大的贡献是他们增加了智力标准的维度来衡量批判性思维。

二、英美国家说话的"潜规则"

和英国人见面怎么互相认识呢？握手？互道对方名字？不，在英国非商务性的社交活动中，并没有规定第一次见面就得握手。事实上，握手总被认为"太商业化"，通常商务交往中初次见面就报出姓名的做法，在其他场合也被认为不妥。那么在宴会、酒会或是其他与陌生人攀谈的场合中，该如何自我介绍？唯一正确的方式就是不做自我介绍，而是寻找其他的话题来开始一场谈话，如谈谈天气。

除非和一个英国人建立比较亲密的关系，否则他不会想知道别人的姓名，也不想告诉别人他的姓名。与其报出自己的姓名，不如试着用一种探寻的口气与他们谈谈天气、聚会或是任何你曾经去过的地方，这样开始一场谈话也许更好。即使对方看上去很乐意与你交谈，你仍然要遵守惯例，尽量克制住自报家门的冲动。

第三节 中西方语言思维及文化差异分析

一、中西方思维和语言表征差异

其一，从本体论的角度上进行比较，中国人大多比较注重整体和谐，受到易经哲学理论的影响，人们在思想上强调归一。西方人大多重视分析原则，他们很多时候思考某些问题都是从一到多这种思想。西方人的思维方式多结合焦点式思维方式，中国的思维则更加发散。这种思维方式反应从英汉两种语言的语法造句上就能体现出明显的差异，如英语的句子是以主语和谓语为主体，然后组织句子的其他成分，包括短句、从句等，顺序由主到次，这样便形成一种由一到多的结构空间。学者将这些语法称之为营造学或者是空间型构造。但汉语则会以动词为中心，按照时间先后的顺序将逻辑出来的事物排列，横向铺叙，最终形成由多归一这种流水的时间性造句方法，被称之为编年史法。这种差异充分说明汉语在造句的时候并不是特别注重空间构架或者原则性，反而会更加流动转折，追求的是韵律节奏，不会被外形所困扰，自上而下较为形散。有的人会把汉语中的造句比喻成行云流水，而英语则像参天大树一样枝繁叶茂。

其二，绝大多数中国人属于实用主义，这是因为受到集体和团结意识影响，而西方人思维较为活跃和开放。站在某种角度上分析中国的知识社会追求传统哲学理论，中西方在思想和思维上的差异性比较大，主要还是生活方式和民风民俗不同。中国受传统文化影响较深，而西方人追求的是自由和流行元素，所以在对事物表述或者概念阐述和西方形成差异。例如，西方人描述苦难的一句话是"苦难伴随着我"，但中国人再用同样的意思去描述就是"我历经了种种苦难"。这种语言翻译上的差异是比较常见的，而且多出现在主体客体之间的转换中。

其三，东西方理性主义有明显差异，中国人的理想主义更加具体，因此被称之为具体理性主义。例如，好多中国人习惯于举例子，喜欢就事论事，汉语中某些抽象化的东西会被简化或以形象的角度描述出来，也就是抽象变形象，并且将其具体化。汉语整体的思维形象体现在辩证，思维当中的主客体融会贯通，而这种主体性思维更加倾向于对事物的主观感知把握，重视知觉与具体形象，就像教育中教师为了达到更好的教学效果，会在讲课的时候把一些抽象思维和概念转化为直观和简便的内容，以此来方便学生理解和掌握。那么面对文章的整体结构，汉语表达某些事物着重于平衡。汉语中句子成分功能和层次性并不重要，连贯到一起会层层递进，从远到近、从小到大，重要的信息一般都在语言后面。汉语的音义形表达结构不需要借助其他的词语性质变化去把握意思或者非语言形式规则。汉语中不同句子相互的连接多数是靠着语言包含的条件，并不会刻意注重语法结构或者成分链接，只要语义合理搭配，就能把前后句连接到一起，表达语意。西方人受到理性主义的影响，在思维上较为抽象，被称之为抽象理性主义，他们在谈话的时候经常会在观念方法和法则上深入考虑，这种思维方式差异在语言表达中属于概念虚实转化，词义转化问题也比较突出。英语经常会在意思表达上用比较抽象的名词体现，注重理性与个体，从而形成相对严谨的逻辑思维。对语言表达的形势相对严格，要求可将形态表现出来，标注语句结构，着重于一线贯通，用大量的关系词或手段连接起来，以功能词将语句中的不同成分连接在一起，如主从、平行、修饰及替代等。英语擅长逻辑思辨和分析演绎，因此很多英语文章结构非常严谨，重要部分都在前面展示。

其四，中国的占典思维表达方式大多体现于对待于典籍的态度上，中国人自古以来都非常尊重古典，因为前人所著作的典籍有着不可替代的权威性。例如，中国人在对待古典文化时，一直都非常尊重其思想方法，因为受古代思想的影响，中国的文化才得以传承下来。还有，中国尊重古训，很多事物都是按照以前的概念延伸而来。总而言之，古代人的生活工作经验对后人产生了深远影响，这是中国特定的文化个性，所以和西方的思维比较，英汉翻译人员必须从文化的角度上加以分析转变。在英汉翻译中，译者对人、事、物需要做出事先分析，然后找到正确的倾向与意向，汉语的形式多倾向隐含语意、句式整齐，因为我国传统古典思维就是讲究对仗工整、修饰华丽，所以在汉英翻译时也要尽力体现这种艺术化的语言。

二、中西方文化差异

（一）生态文化

1. 自然和地理环境差异

地域性文化一般指某一特定地区源远流长、独具特色、传承至今的文化传统，是该地区生态、民俗、传统、习惯等文明的表现。它在发展与传承的过程中，始终保持着自己独特的文化传统，这一传统对人类有着不可忽视的影响和作用。地域民间习俗是地域文化的重要内容。总而言之，一个地方传统文化的形成与发展具有一定的独特性和稳定性，文化是受各种环境的影响而形成的，文化在发展过程中具有自己的特征并发展到稳定。每个国家在产生和发展本民族语言的过程中，都会受到其地理环境和气候条件不同程度的影响。例如，汉语和英语中的"东风"，由于两国自然环境不同，其内涵完全不同。中国西部到处都是高山，东部面朝大海，所以东风温暖柔和。英国位于欧洲大陆西北面的不列颠群岛，被众多海洋包围。因而来自大陆北部东风寒冷刺骨，这与中国的"东风"寓意截然不同。此外，英汉语言中"西风"所代表的含义也不同。英国的西风是从大西洋吹来的，温暖宜人，人们将它视为希望和美好事物的象征。英国浪漫主义诗人雪莱的诗作 Ode to the West Wind（《西风颂》）中，西风作为革命力量的象征被诗人加以咏叹，预示着革命终将胜利的热切希望和坚定信念，给人们带来鼓舞。然而，马致远在《天净沙·秋思》中描绘的场景"古道西风瘦马，夕阳西下，断肠人在天涯"，其中描写的"西风"显得哀伤和凄凉。

2. 气候差异

从气候上看，中国西靠亚欧大陆，东临太平洋，大部分地区属于温带季风气候，暖风从东面吹来。在中国人的脑海中，"东风"即为暖风、春风，象征着"温暖""春天"，它带来贵如油的春雨，为人们的生产种植带来便利。而英国东靠亚欧大陆，西临大西洋，属于温带海洋性气候，"西风"预示着寒冷的冬天过后将迎来生机勃勃的春天。英国浪漫主义诗人雪莱的著作《西风颂》就是讴歌西风的典例。以下例子也都能说明两国人民对东风、西风的印象。

【例3-3-1】

碧云天，黄叶地，西风紧，寒雁南飞。（《西厢记》）

译文：Grey are the clouds in the sky and faded are the leaves on the ground. Bitter is the west wind as the wild geese fly from the north to the south.

在英国，东西风的寓意恰恰相反。英语里有俚语"When the wind is in the east, it's good for neither man nor beast."译文："东风来，寒风到，人畜都受害。"

可见英国人讨厌东风。而西风在英国人的印象里，则是能让人感到舒适惬意的和煦暖风，西风吹来，万鸟争鸣。

（二）社会文化

1. 劳作牲畜差异

自古至今，在中国人的脑海中，牛都是褒义的象征，汉语中赞颂牛的成语有很多，如"力大如牛""初生牛犊不怕虎""买牛息戈"。习近平总书记提出的"为民服务孺子牛""创新发展拓荒牛""艰苦奋斗老黄牛"三牛精神，更为人们所称道。英文中，"bull"指未曾阉割的公牛，西方人对"bull"的印象与中国人截然不同，认为牛象征着桀骜不驯、横冲直撞、性情暴戾。西方人认为马是速度、优雅和高贵的象征，受到人们的极度喜爱和尊崇。

所以在翻译过程中，英语中的"马"和汉语中的"牛"表达的内涵是一样的。例如：as strong as a horse（力大如牛）；to talk horse（吹牛）；a bull in a china shop（冒失鬼）。

2. 生活和风俗习惯

每个地区的人民生活方式不同，风俗习惯也不同，这与一个国家的政治、文化、经济水平等方面有关。语言作为民族文化的重要组成部分，与民族文化密不可分，是民族风俗习惯的最佳体现。不同的生活习惯造成的文化差异，译者在翻译过程中不可能照本宣科，否则会造成不必要的误解。另外，在翻译过程中，译者要充分考虑当时的具体语境，同时还要比较两国的不同风俗习惯，寻找共同点。为了达到理想的翻译效果，必须考虑这些因素。

3. 社会和历史文化背景存在的差异

受战争、殖民统治等社会和历史条件影响及地壳变化等自然因素的影响，各国有着不同的历史发展进程和不同的历史文化。历史文化对语言差异的影响主要体现在一些谚语和成语中。在历史发展中，中国与世界其他国家形成的社会背景和历史背景有很大的不同。自古以来，中国就强调和谐，喜欢从整体看问题。然而，西方人注重于发散的思维方式。在翻译过程中，译者要合理运用视角转换，结合翻译的实际情况对译文进行翻译。

（四）历史与传统文化

随着世界经济文化不断交流，世界各国的文化开始互相交融。从目前来看，人们已经逐渐理解在不同的文化与语言的基础上，若想充分进行沟通，不仅需要解决语言不通的问题，而且还需要充分理解文化方面的差异性，进而才能进行切实有效的沟通与交流。因此，在英汉翻译的过程中，不仅需要充分了解两者文化上的差异性，还要深层次分析因为语言环境不同所导致的语言风格的差异。汉语与英语两种语言背后的文化存在极大的不同，这是因为两种语言不同所带来的语言环境也存在极大的差异。汉语与英语所代表两种完全不同的文化，若想提升英汉翻译的质量，就需要充分了解两种文化中的不同之处。国家与民族的不同，使得在历史发展过程中呈现出两种截然不同的发展轨迹，也逐渐形成各自具有自身特色的历史文化。首先对于中国来说，传统文化主要是以儒家文化为主，其他文化辅之。中国的历史文化以春秋诸子百家争鸣思想为哲学基础，形成以孔孟思想为主要代表的儒家文化。古代文明比较强调天人合一思想，认为"人法地，地法天，天法道，道法自然"，主张人和自然的和谐统一。而西方文化则强调个体的意识，同时强调个体的自我展现及个性突显。所以在个性主义词的理解及翻译中就存在很大差别，中国会翻译成相对带有贬低色彩的利己主义或自私自利等，而在西方则是自由个性化主义的体现。

（五）思考问题的思维方式

西方人习惯采用一种由抽象到多元的分析式思维方式，句子通常以主谓结构为主，收集多个短语和从句，主译是语言的翻译，而语言是思维的外壳。不同的自然条件、社会条件使人的思维习惯和表达方式自然不同。思想文化反映的是民族特有的思想习惯，它一般存在于习俗文化和文字观念之中，并通过语言布局的形式体现出来。思维方式决定了语言的表达力。思想的外在表现途径就是语言，语言可以最大限度地表达自身的思维，因此思考问题的思维方式不同是造成汉语文化与英语文化不同的主要原因。以汉语为母语的中国文化，往往更主张人与自然和谐共处，比较写实，很注重当下的真实感受。而以英语为母语的西方国家则往往将人与大自然形成一个对立的关系，因此西方国家的科技意识与抽象思维较为明显，这就是中国与西方国家在思维方式上的不同。在语言上，语言组织方式、语法与词汇也有着极大的差异。例如："mad doctor"不能直接翻译成"发疯的医生"，正确的翻译应该是"精神病科医生"；"bring down the house"并不能直接翻译成"推倒房子"，而是应该翻译成"博得全场喝彩"，这种语言上的差异使得在翻译的过程中应该谨慎对待，合理翻译。

思想的表达需要依托语言这个载体，而中西方文化及语言的差异又受制于思维方式的不同，由此产生了差异。中国文化比较重视写意，这一点从古代山水画就可以看出。而西方文化比较注重写实，更加注重逻辑架构与实证研究。思维方式的差异也使得在语言表达时，有特有的语法结构及语言组织技巧。

三、中西方语言思维及文化差异的原因

（一）"天人相分"与"天人合一"

发源于古希腊"天人相分"的传统哲学理念，西方国家偏重于对自然和社会等客观事实进行观察和探索研究，强调以客观事实为基础的思维模式，通常更多关注客观事物及其存在。这种思维认为所有事物都有其对立面，物我分明、主客二分的哲学思想使得他们常以客观与冷静的科学态度对待世界，以逻辑和理性探索自然规律，不同于中国物我相合的整体思维，西方的哲学理念在时间的沉淀下逐渐成熟和定型，在语言中表现之一就是显著使用物称主语。

相比于西方哲学的理性，中国传统思维将自我当作宇宙的中心。思维方式是历史的产物，从孔孟老庄开始，中华文明就有意识且成体系的将物我相融、至天人合一的思想。儒家主张"万物皆备于我"，所以"我"作为宇宙的部分却可以与万物有共同的本质，万物的特征也能尽显于"我"之中。这种重视人本、重视整体的伦理性思维模式不断发展进步，汉语以人称显著的语言特色也逐步定型。

（二）中国哲学本体论与思维方式

中国哲学的本体论，其特点可以简单归结为"体用一源"，所以我国称中哲本体论"体用一源"的本体论。本体的概念，最早可以追溯至西汉京房《易传》，本体指称的是阴阳乾坤之卦体。在易学中，"体"实际上就是卦体，一切的卦象都由乾体、坤体产生，卦体具有本源性的意味。中国哲学的本体概念有漫长的发展过程，先秦时期虽然没有明确的本体概念，却有类似概念，如道家的"道"，儒家的"天"。两汉时期，本体概念出现，主要理解为卦体或者本源性的概念。魏晋玄学有"崇有派"与"贵无派"的争论，儒道思想相互借鉴，深化了中国哲学的本体论概念。到了宋代，中国哲学本体论的建构达到顶峰，以朱熹理学为代

表，注重从"体用"关系理解本体。理学本体论不仅继承了儒家的学术传统，还吸收了佛道两家的本体论思想，可以说是中国哲学本体论最典型的代表，也最能体现中国文化的思维方式。

首先，从对本体论的阐释来看，中国哲学的本体论是强调"和"的本体论。中国哲学的本体，不强调主客对立，而是一种主客不分、心物合一的混沌本体。本体与对象、主体与客体是在实际运用中合二为一的。体用、心物、天人具有一定的相同性，能够在一定条件下达到统一。古人常讲"天人同构""天人合一"，是把"合"放在了第一位，在思维方式上就是注重整体性和综合性。

其次，从本体与功用关系而言，体用一源。程颐最早在《伊川易传》中提出"至微者理也，至著者象也；体用一源，显微无间"的观点，无形之理是本原之体，有形之象是显著之物，理要通过有形之物来进行显现，这就是"用"。无形的理和有形的象统一于最高的"理"中，二者没有间隙。朱熹则指出体在用中，用不离体；理在物中，物不离体，进一步阐明了体用关系。朱熹把本体分为道之本体和心之本体，这两种本体统一于"理"中。"理者天之体，命者理之用"，这里的理就是道之本体。理具有客观性和道德性，蕴含着儒家的道德伦理原则，这就是"理之用"。虽说理是本体，但离开了理的功用，割裂二者关系便会成为空谈。同时，心也有体用，主要体现在心统性情，已发未发的关系上。仁义礼智为性，为心未发之体；恻隐羞恶辞让是非四情是性之情，是心已发之用。不仅儒家讲体用，佛家道家也讲体用。我们以道家为例，正所谓"道生一，一生二、二生三，三生万物""和其光，同其尘"。老子指出"道"作为体而言其"常无"，作为"用"而言其"常有"，道在体用关系中展开自己的本质。就道本身来说，它是混沌，是不可规定的；就道和万物的关系来说，万物产生于道，是与道统一的。这一点和西方本体论是不同的，因为道中体现的是"冲和"的思想，是体用一源。而西方的本体论是"分"，是对立，是本体与外化物的绝对二元对立。

再次，从本体与具体事物的关系而言，中国哲学强调本体与具体事物的统一。佛家用月印万川的比喻来阐释佛性与众生之性的关系，即"一切圆通一切性，一法遍含一切法。一月普现一切月，一切水月一月摄"。朱熹受佛家的影响，用月印万川来解释理一分殊，即只有一个理，具体事物中都包含着完整的理，统一于太极之中；就像天上只有一个月亮，水中的月亮来自天上，完整反映天上的月亮。

在本体与具体事物的关系上，中国哲学关注二者的统一。中国哲学喜欢运用比喻来阐释哲学思想，体现中国思维方式迂回性和感性直观的特点。

最后，在对本体的把握方式上，中国哲学有自己独特的体认方式。西方哲学善于用形式逻辑构建和理解本体用概念化逻辑化的方法来认识把握本体。中国哲学则善于一种的涵养体悟的功夫，需要在反省修身的基础上对本体进行观照和感悟。这种体认方式注重对心性的把握和解蔽，体现在以儒释道为主的体悟本体的方式上。以佛学里的禅宗和宋明的理学和心学做简单阐述。佛学，在体悟佛法过程中特别强调心性的作用。禅宗主张不立文字，明心见性，顿悟成佛，教导人们抛开一切杂念，去体悟真如佛性。这种体悟先要相信众生皆有佛性，然后就是破除眼耳鼻舌身意等造成的虚妄假象，最终才能解蔽本心直指真性，禅宗的这种思想也影响着儒学。从宋明儒学来看，无论是朱熹还是王阳明，都注重发挥心性对"理"本体的把握。

朱熹主张格物致知，心统性情。心是认识的主体，通过心可以将性与情统一起来。"性即理"，性为未发为静为体，情为已发为动为用，性情关系是体用关系。心虽虚灵，却能知觉、能思。通过心的主静涵养的功夫，可以引导人们认识到万物背后的"理"。可见朱熹的"心"即具有一定认识能力的认识主体，它不是形而上的主体，却是格物致知达到天理必备的前提条件。心学大家王阳明比朱熹更进一步，他说"心即理也"，万物虽各异，理具与于心。正是因为有了此心，便具备了把握此理的前提。这种儒学主观唯心主义是心性功夫发展的一个高峰，它体现了中国哲学不注重概念逻辑演绎，但注重反省修身的涵养功夫，体现了中国"象"思维的意向性和模糊性的特点。中国文化的思维方式，不能只停留在"象"思维的概括层面上，更要深入哲学本体论领域，即中国哲学"体用一源"的本体论。中国哲学本体论强调求"和"、体用不二、本体与具体事物的统一，涵养体悟的心性功夫，它们塑造了中国思维方式的整体性、意向性、迂回性和模糊性的特点。

（三）主客体思维的哲学文化导向

西方哲学家认为，人超然于自然之外，能够支配和改造自然。因此，随着时间的不断推移，他们形成了以物本为主体、以自然为本位的客体型的思维方式。强调"物"对人大脑思考及其举止的影响，着重突出"物"的重要地位，使得人们在英语思维下生活的民族使用语言时更加注重以客观形式表达和叙述事物，渐渐就形成英语重物称主语表达的语言特色。

中国文化秉承天人合一的理念，这充分突出了人的主体性，人本思想就在千年来优秀传统文化的沉淀下产生了，久而久之形成汉民族"主体型"的思维方式，即以人为中心来认识和解释世界。这种主体型的思维模式长久以来影响着我们语言的产生和表达，使得汉语民族在口头交流和下笔成文里都形成以"我"为中心的一种用语习惯。

（四）西方哲学本体论与思维方式

西方的"本体论"概念的明确提出是在17世纪的时候，德国哲学家郭克兰纽第一次使用了"本体论"一词，将其解释为"形而上学"的同义语。虽然本体论的词出现较晚，但是关于本体的思想是古已有之的，从古希腊哲学家泰勒斯开始，人们就思考什么是万物的本原，本体是作为"始基"存在的。哲学家开始思考世界的本原是什么、由什么构成的问题，本体论还是朴素的，包括后来的赫拉克利特是火本原、德谟克利特的"四根说"、阿那克西美尼的"气本原"，都可以理解为朴素的自然本体论。以巴门尼德为代表的爱利亚学派，把对本体的直观理解上升到更为抽象的表达，即"存在"。巴门尼德指出，存在是唯一的、不变的、永恒的、不动的。他把哲学本体论由经验世界转向超验世界。此后，西方哲学的本体论越来越抽象和形而上，柏拉图的理念论、亚里士多德是四因说、笛卡尔的二元论、莱布尼茨的单子论、黑格尔的绝对精神等，都延续着巴门尼德奠定的理性本体论传统。巴门尼德奠定了西方哲学的理性本体论传统，近代由笛卡尔继承和发扬了这种理性传统，并在西方哲学本体论的历史上占据主导地位。接下来具体分析这种西方哲学主导的理性本体论是如何塑造西方文化的思维方式的。

第一，西方哲学的本体的超验性塑造了个体性、抽象性的思维方式。一方面，西方的思维方式具有抽象性。首先，巴门尼德的"being"是极其抽象的，这不是说中国哲学的本体论就不抽象，而是相对而言巴门尼德的存在更抽象、更超验。巴门尼德批判早期自然哲学家把对世界本原的研究建立在经验的基础上，认为经验的对象是有限的静止的"非存在"，这条研究之路得到的只是"意见"。哲学家应该研究的是真正的"存在"，是形而上的超验本体，人们运用理性研究存在，才能发现真正的具有普遍必然性的知识，才能走向"真理之路"。柏拉图继承巴门尼德衣钵，提出理念是世界的本原，人们感受到的个别事物都是变动的、不真实的，只有个别事物背后的普遍的抽象的理念才是真实的存在，是世界的本原。个别事物通过模仿分有了抽象的理念，二者是摹本与原本的关系。理念是超感性的形而上的抽象概念，现实世界万事万物都是理念的影子而已，这体现了西方人对抽象的本体的偏爱好执着。近代的哲学家也是如此，无论是莱布尼茨精神性的单子论，费希特的自我，还是黑格尔的绝对精神，都是超感性的存在，是远离经验世界的超验本体。本体的抽象性影响着思维方式的抽象性，塑造着追求理性至上的形而上学传统。另一方面，西方的思维方式强调个体性。伊壁鸠鲁的原子论最能体现这一点，他强调原子偏离直线引起的偏斜运动，成功地打破了僵硬的"命运的束缚"，追求的是一种自由。正是偏斜运动打破相对的定在，赋予原子某种形式的规定，原子否定自身，努力摆脱盲目的必然性的精神，正是西方文化尊重个体性的思维方式的真实写照。

第二，从本体与具体事物的关系而言，西方哲学本体论强调本体与现象的二分，体现了二元对立的思维方式。巴门尼德将超验的"存在"与感性的"非存在"分离开来，拉开了西方哲学二元对立的序幕。柏拉图的理念论，首先将理念与个别事物对立起来，即个别事物仅仅是分有了理念才存在，是理念的影子或摹本，只有理念才是真正的具有普遍必然性的存在。作为本体的理念是高高在上的，作为个别事物的存在是短暂的虚假的，二者之间存在不可逾越的鸿沟。区分了由理念组成的"可知世界"与由具体事物的组成的"可感世界"，把两个世界对立起来。近代西方哲学的开创者笛卡尔，把世界的本原看作是两种实体，即物质实体和精神实体。当回答这两种实体如何实现统一时，笛卡尔搬出来"上帝"，认为"上帝"是唯一的实体，是不依赖于任何东西的存在。那么"上帝"是精神还是物质呢？可见二元论并没有解决好两种实体的关系问题。另外，当面对身心关系的问题时，笛卡尔又陷入了矛盾，从属于物质实体的身体和从属于精神实体的心灵是如何沟通的呢？他试图用松果腺来解释，但这种解释是难以自圆其说的。西方哲学总是在精神与物质，本体与现象、身体与心灵等范畴上二元对立，反映在思维方式上就是"二分"的思维方式。

第三，从对本体的体悟方式上看，西方哲学在追求本体的过程中具有精确性、严密性的特点。无论是自然本体还是理性本体，西方哲学都会用逻辑一步步推导出来，用确切、严谨的概念体系表达出来。苏格拉底通过"助产术"式的问答，反复诘难，不断揭示对方的矛盾，最终达到确定性的认识。笛卡尔通过普遍怀疑来确定清楚明白的概念，他怀疑我们周围感知到的客观世界、人们身体的活动、数学的观念等，因而只有那些经得住怀疑的考验，建立在理性基础上的知识才具有确定性。但是，有一件事是确实的，就是人的怀疑或思维，对此是不能怀疑的。因为在思维者进行怀疑的时候，设想思维者的主体不存在，那么怀疑就无法进行。所以笛卡尔得出结论"我思故我在"，确证了"我思"的合理性。这种运用逻辑推演追求哲学根基的方法，体现了西方思维方式善于分析、注重精确性的特点。黑格尔哲学无论是对作为本体的绝对精神，还是对意识、自我意识、自由等概念，都严格地进行分析推理，努力达到普遍性和确定性。哲学家可以通过理性，试图把握作为最高本体的绝对精神，获得普遍必然性的知识。总之，西方哲学运用理性和逻辑把握本体的方式，深刻影响了西方的思维方式。

（五）世界观差异

世界观影响着人类感知世界的各个方面，如信念、知觉、态度和行为。中国人崇尚天人合一，认为世界万物是不可分割的统一体，而西方国家则认为世界的各个组成部分是相互独立、互为对立的。例如：中国人重视"和谐统一"，倡导"集体主义"，强调群体利益而不是个人的利益；而英美文化强调个体独立、个人自由和个人权利，鼓励自我实现和自我表达。以"个人主义"为例，由于意识形态的差异，它在汉英两种语言中有着不同的意义和情感色彩。在西方，它的意义是积极的，而在中国却是消极的。

（六）社会和历史背景差异

中西方社会历史发展的进程有很大不同。中国的封建制度已经延续了三千多年。直到近代，中国才开始进行社会改造，推翻封建制度和资本主义制度，最终建立起社会主义制度。在封建社会时期，大量的文化负载词涌现出来。例如：八股文（The eight-part essay,a kind of stereotyped writings in ancient China）、科举考试（imperial examination）、状元（number one scholar）等。而在西方，许多国家是从1640年发展到现在的资本主义。西方文化实际上是建立在古希腊罗马的文化基础之上的。一些源自神话故事的人物形象，如赫拉、赛任、雅典娜等，如今已成为代表西方文化特征的词语。14—16世纪的文艺复兴是一次弘扬资产阶级新文化的思想解放运动，它在交流过程中为资本主义的早期发展奠定了坚实的基础。历史文化发展的背景不同，文化差异也体现在文字中。例如，"It is necessary to use a steamhammer to crack nuts."，意思是不要为某事大惊小怪。这个成语与汉语中的"杀鸡焉用宰牛刀"意思相似。这说明英国人已经进入了电气时代，所以他们使用蒸汽锤，而此时的中国还是一个农业社会。

第四节　英语思维及英语思维教学模式研究

一、培养英语思维的原因

为什么我们要开始用英语思维来思考问题呢？可能有的人希望能够让自己的英语表达更加地道，有的人希望能够和英语作为母语的人更加流畅地交谈。无论我们是以何种原因来培养英语思维，这些都是好的出发点。

培养英语思维能够帮助我们快速构建英语时态框架和语法体系。相信很多学生都会有这样的一种体会，从小学阶段就开始学习英语，并且学习了很多年之后，熟记了很多单词，学会了很多语法，阅读了大量书籍，但是不知道出于何种原因我们就是做不到地道的表达，更多还是中式英语表达，这就是因为我们的中式思维已经根深蒂固。所处的中式环境让我们的英语学习及表达不是那么地道，这也造成了某些地区高考进行外语考试改革。有的地区高考外语可以选择科目，不一定只是选择考英语，可以选择日语、德语，很多学生感觉自己学了多年的英语还不如一年的日语学习收获多，所以开始有人选择日语作为高考的第二语种考试。

造成这种现象的原因还是我们无法在现实中说英语，并且我们在说英语的时候，习惯在脑海中先组成汉语句子，然后再翻译成英文，这同样是由于我们在用中式思维思考英语。面对这样的情况，我们应该通过什么方法来训练自己的英式思维，而不是将汉语翻译成英文再表达出来呢？这就需要我们通过培养英语思维并用英语开始思考，以增加英语流利度。

二、培养英语思维的方法

因为我们生活在中文这个大环境中,平常需要用英语表达的机会比较少,因此第一步,我们应该从最简单的做起,用英语来描述生活中所见到的物品,并且知道这些物品的英文表达的地道发音。想要高效地学习一门语言必须从一开始就知道正确的发音。在我们进行英语教学时,尤其是启蒙阶段,我们应该尽可能地让学生用英语描述自己周围的所有物品。第一步,当我们处在一个新空间、新的环境之下,一定要引导学生用英语来描述身边的物品。在这个过程中,记下那些不知道该如何表达的物品,学习这些物品的英文表达,而且这些物品所存在的特殊环境会帮助学生记住这些物品的英文表达。

第一步,就是用简单的英文句子来表达自己的想法。在这个表达过程当中,如果学生觉得这一步步实施起来比较困难,我们可以继续回到第一步,花更多的时间用英语来描述周围的物品。在英语教学当中,一般都是从词到句的表达,因为思维的定义就是借助语言符号,对客观事物进行间接概括的反映。在母语和英语之间做选择的时候,用一本纯英文词典代替双语词典。在学习的过程当中,遇到不认识的单词也要习惯去查询纯英文词典,要以英语思维代替我们脑海中的翻译模式。

第三步,我们应该学会用英语和自己进行简单的对话,为什么要先学会和自己进行对话呢?因为在这个自我交流的过程当中,不会为了下一句该说什么而感到有压力,我们可以保持一个轻松舒缓的步伐。每天挤出两分钟的时间,用来同自己进行简单的对话,并且坚持三十天的时间去实践。

第四步,将自己日常生活中至少一件事物转化为英语,我们可以选择将日历换成英文表达,使用英文的月份、星期,用英文写下自己的计划,或者像现在很多学生一样,将自己手机的默认语言设置为英语,这样我们周围看到的所有熟悉的事物,收到的邀请和信息等都变成了英文。也可以用英文尝试去搜索一些有趣的事物。比如:看到一篇文章讲到 "butterflies have scales",学生就会疑惑蝴蝶怎么会有鳞片呢?搜索之后看到一篇讲解蝴蝶鳞片的文章,又学习到了新的知识。刚开始进入第四步的时候,我们可以每天选择一件事用英语来做,来将自己的中式思维切换成英文。每天早晨在我们醒来离开床之前,花上两分钟的时间来思考一下自己使用英语的日子。例如,在选择衣服或者做早餐的时候,用英文在脑海中构思如何去完成这些事情。

还有一个可以帮助我们培养英式思维的方法就是：用英语学会做一件事，可以是一件特别小的事情。例如，只用英语学习来研究如何制作自己最喜欢的一道菜，观看一些纯英文的做法教学视频，阅读纯英文的英语说明书。有一件事是在我们每晚准备睡觉之前可以做的，那就是用英语来回顾这一天的生活。在睡前将自己的思维模式调整成英文，当人在睡觉的时候，大脑会用当天所学到的知识做出惊人的事情。

培养英式思维还有一个非常重要的方法，即"5W"，分别是：who、what、when、where、why。这五个步骤在现实生活中如何实施呢？想象一个场景，或者我们在生活中所碰到的每一个场景，我们都可以尝试用这五个词来进行描述。例如，当你在超市购物时，碰到两位女生在聊天，这个时候我们就可以用"5W"来描述这一场景。who：用英文描述这两个人的职业；what：她们正在做什么？when：什么时间发生的？ where：购物的场所；why：为什么来购物？然后就可以将这些句子组织成一段话了。在这个构思与提问的过程当中，强迫自己用英语去描述，就是为了培养我们的英式思维，而不是在遇到问题时，脑海中第一时间想到的是中文，然后又要把这些问题翻译成英文。

三、英语思维教学模式

（一）认知为先

首先让学生认识到英语思维与汉语思维的异同，有了正确的认识才能付诸实践，并在实践中保持长久的练习。英语文化更看重逻辑的完整性，答案要求准确、客观。而汉语的习惯则是语句表现平和，看重对方的感受，讲究与自然的和谐统一。在句型的构成上，汉语轻形式，重视内在含义的表达，先客体，再主体，主语、谓语、宾语的结构相对松散。结构的习惯导致汉语的文章先得出结论，再列举原因。而英语正好截然相反，经常从小处着手，逐步归纳，最后得出结论。

（二）英汉思维模式转换

首先，语言作为思维的物质工具，英语和汉语这两种语言从某种角度上来讲都可以从思维上进行转换与融合。是否能够用外语的思维来完成语言翻译这个问题在学术界已经有多年的争论,而且目前并未形成统一。其实思维的规律是人类固有的,母语和外语之间思维上相差并不大,多是语言结构上有所不同,但思维的共性没有太大改变。从这里就能看出人类的思维是互通的,要想在母语思维上对外语思维进行融合并非不可能。很早之前,直接教学法提出者贝利兹的观点是外语教学的目的就是要培养外语思维能力。语言学者赵元任就是能把多种语言合理运用的人,他自己常用的语言是普通话,逐渐学会了家乡的方言,到美国之后又学习英语,经常会用英语去演讲,而且那些稿件都是用英文打印,某次活动中赵元任发现汉语是非常正式的语言,所以决定把英文改成中文,因为在阅读演讲的时候英语表达上并不是很流畅,使用汉语会更加轻松,从这里就能看出他在语言思维能力上的造诣非常高。思维是人类大脑观察感悟的过程,正是因为语言是相互融通的,所以要想树立外语思维并不是不可能的。

其次,翻译的思维可以用一种思维模式自由切换,先是理解,用英语思维对原文进行阅读和翻译,这其中就包含着对语言文字的一些理解,在大脑中储存并进行思维切换。接着就是以汉语思维再次处理,因为脑海中已经形成对英语原文的见解,然后用汉语的思维进行转换,最终表达出来的句意就更贴合目的语读者。

最后,人类在英汉语言中进行思维模式切换这一过程是非常复杂的,当接收到信息以后去分析解释,并建立语言符号加以转换调整,最后用另一种语言输出,这是非常烦琐的思维过程。但人类的大脑在活动中往往可以用最快的时间完成,理解原文的时候用英语的思维去阅读,这个时候翻译要建立在原文语言角度上,接下来就是用另一种语言翻译理解后的原文,进而完成语言上的转换,同时体现出思维转换的整个过程。

第五节 英语思维能力培养对高校英语教学的启示

一、开展过程驱动的批判性文化对话

语言是文化的基本载体,文化是个体社会身份建构的主体依托。英语学习离不开文化,在多元文化背景下,跨文化沟通意味着"多元、平等、包容、自由"。学生通过更深入地理解语言所承载的文化,更好地处理复杂的英语学习与跨文化

沟通之间的相互联系。

过程驱动的批判性对话是学习语言和文化的基本路径，其折射的正是英语课程与教学的基本哲学和方法。在基于过程驱动的英语语言与文化学习中，"文化"可以被理解为概念化的一种分析技能，而不是作为需要学习的离散的文化事实。文化差异在英语教育所覆盖的日常文化话语体系中得以呈现，这种呈现方式可以遍布在校园礼堂、教室、会议室，甚至走廊。

在英语课堂教学中，学生和教师通过将语言与文化进行艺术化创作，可以形成良好的学习和运用效果。教师将文化差异无形地渗透到日常课堂讨论中，并在多元文化的教育背景下，重视过程驱动的文化话语体系建构，对文化差异进行批判性分析比较，开展批判性文化对话，溯源文化差异现象，重复并强调文化的多元性和包容性，形成个体的文化包容观念，从而为跨文化沟通的顺利实现奠定重要基础。

二、建构动态的文化话语过程

在多元文化的英语课堂上，文化差异反映了各民族之间日常语言与文化的交际和理解问题。在外籍教师的英语课堂上，文化与文化差异是随处可见的，但为了将文化差异更清楚地呈现在英语语言教育的特定语境中，教师必须动态建构"文化"的话语过程。对文化差异的理解会随着时间的推移而发生变化，而这种变化应该直接反映到课堂语言实践中。

当代跨文化理论强调，当谈论文化时，文化的归属和命名不再是必要的或重要的；相反，通过日常话语和行为来呈现文化是一个"没有文化主义者的文化主义"。可见，文化的动态沟通交流和融合创生才是跨文化沟通的内核。文化是一个族群的一系列思维和行为习惯，既是历时的，也是共时的。当然，在不同的时间和地点，文化的展现形式不同。因此，跨文化需要融合不同群体之间的思维和行为模式，将不同的语言和文化与群体特征界限模糊起来。

民族主义者认为文化是作为种族代理的概念演变而来的，种族是文化的一种转喻；种族以生物学研究范式界定了什么是文化。而跨文化则是寻求在不改变种族范畴的前提下，通过融合个体的日常行为和话语体系来阐释文化和文化差异，并最大限度地包容这种差异。

第六节　小结

　　语言不仅是文化载体，同时也是思维的重要工具，是构成思维方式的要素，更创建了文化和语言的媒介。思维方式展现了文化心理特点，并且对文化心理等要素生成了一定的制约作用。不同民族文化与思维方式的个性及差异都是通过语言体现出来的。例如，中国人比较注重民生，但是西方人则更加侧重隐私信息，中西方文化在思维上表现出的差异对各自的语言交际都产生了很大的影响。比较普遍的就是中国人会用"去哪里？""吃饭了吗？"这种问话模式打招呼，虽然以这类询问方式作为打招呼的用语很多时候都不用回答，但是西方人却认为这种行为在干涉别人的隐私。"过段时间请你吃饭"对中国人来说只是一种客套方式，但是在西方人眼里，这则是一种邀请，所以会问对方时间与地点。由此可见，语言与思维两者相辅相成、相互制约。跨文化沟通牵涉的文化冲突实际上就是文化差异的结果，影响跨文化沟通的维度是以中西方文化差异为中心，并根据价值核心观点、语言之间的差异、社会心理、人际关系等不同角度散发出去的各个分支，深入分析中西思维方式的差异，对跨文化沟通学科发展有着非常重要的现实意义。

　　学生想要像母语那样能够运用到熟练自如的程度，就必须需要理解文化差异。不过外语教育的任务并不是进行文化差异的沟通，而是培养学生可以按照语言环境去理解文化，同时提升跨文化沟通的能力。在大学英语教学中，教师需要根据学生的认知能力及特点，并结合时代发展的实际情况，引导学生充分明确中西方在文化上的差异，提高对中西文化差异的敏感度及鉴别能力，促进自身跨文化沟通意识的培养。

第四章 文化、语言与沟通

　　文化、语言及沟通三要素是英语思维与跨文化沟通的重要组成部分,从某种程度上来讲,加深对这三方面的理解,对于提升学生英语思维及跨文化沟通能力有积极作用。本章为文化、语言与沟通,主要从文化的概述,语言的概述,沟通的概述,文化与语言、沟通三者之间的关系,等方面展开探讨。

第一节　文化的概述

一、文化的含义

　　从文化的构成要素来看,它主要由标识符、需求关系、处世标准组成。标识符是一种象征物,用于承载和转达一些内容,也可以隐含某种道理。人们对于标识符的创新和应用,在某种程度上将会决定文化的存在。需求关系是人们在日常生活中建立何种具体联系的主要标准。处世标准是具体社会关系中的行为航向,为人们的想法、思考问题的方向和具体行为都提供了范式和范畴。从文化的存在范围上讲,文化与人类如影随形,是人类本身固有的根本属性,具有广泛的普遍性特点。从文化的性质来看,它是将人类行为高度凝结概括的产物,是逾过人类内在机能之上的一种人为后天形成的禀赋。它充分发挥了文化的实践性质和同化功能。文化是人有意识或无意识活动的历史积淀,是历史汇聚人们行为的产物。但是,它在某种特定环境下是科学的产物,因为它饱经磨炼,是被历史筛选出来的被人们所赞同的一种特殊标准。这个标准使主体的活动经常具有潜在的预制性或引导性,模式一旦内化为个体的习惯,就会间接甚至直接牵引着主体做出相应的选择或发生已经被预知的行为。该模式也造就了文化的本质构造,即人"发明"

了文化，文化也成就了人。这种相互制衡的模式反映了文化的两个特点，一是文化具有一定的坚固性，二是文化拥有很大的提升空间。

人类产生社会形态后，文化就伴随着人类社会存续至今，人类社会中不同的活动，体现出不同种类的文化。看，可以体现出影视文化；听，可以体现出音乐文化；吃，可以体现出饮食文化；穿，可以体现出服装文化；住房，可以体现出建筑文化；出行，可以体现出旅游文化；说话，可以体现出语言文化；运动，可以体现出体育文化。凡此种种，都是人类在自然环境和社会环境中，具有目的性做出的活动，这些就是人类文化的一部分。自然环境与社会环境也受其作用发生改变。以词源学的视角来看，"文化"是"文"与"化"的复合。"文"的原义是各色交错的纹理。据《周易》所载："物相杂，故曰文。"《说文解字》当中也曾写道"文，错画也，象交文"，均属于此意。后随词义引申出日趋丰富的内涵。

譬如，从囊括语言及文字在其列的象征符号引申到具体的礼乐制度及各类文物典籍，也从伦理中引申出色彩和人为修养等义，并根据之前的两层含义导出"美、善、品德"之意。而"化"之原义为改易、生成与造化等。比如，《礼记·中庸》中曾载"可赞天地之化育"等，主要指事物的形态或者性质的变化，后衍生为"教行迁善"之意。因而"文化"意指"以文教化、化成天下"，古代中国文化其内涵在于重教化，采取文治来教化人民，从而规范其思想与行为。而西方传统所指的"culture"与我国传统中的"文化"在词义上有一定差别。西方传统的"culture"立足人类物质生产活动，由此引申到社会、精神领域，突出强调人与自然的关系。我国的"文化"则强调人类社会的活动，侧重精神领域。二者相比，"culture"具有更深广的内涵。但就其含义来讲，两者有着共通的本质——强调有意识和有目的的人的活动。

二、文化的多元性

（一）多元性的原因

文化的多元性之所以产生如此巨大的影响，离不开以下三个因素的共同作用。

首先，第二次世界大战以来，许多殖民地、半殖民地国家纷纷开展民族解放运动。它们在获得政治地位的同时，也开始重新恢复民族文化。

其次，随着国际局势的发展变化，两极格局被打破，各种"中心论"纷纷瓦解，世界各个角落都有其存在的合法性，国家与国家、地区与地区之间的联系越来越密切。

最后，随着经济发展与科技进步所带来的物质与精神的极大丰富，原来相对贫困、落后地区的人们不仅创造了物质文化，同时他们也有条件、有能力来发展传播自身的精神文化。于是在频繁的互动中，那些处于偏僻地区、原本不为人知的少数民族文化开始广为人知并得到发展，这无疑也为文化的多元性发展创造了条件。

（二）多元性的表现

自 20 世纪 40 年代以来，信息与通信技术取得了长足的发展，以电子计算机、人造地球卫星、电视等为核心的信息技术形成一个统一的传播系统。这一系统的最大特点就是信息一体化。换句话说，它可以在全世界范围内及时、准确、综合性地加工、传递、存储信息，并且超越时空限制，将人类联结为一个信息整体。从这个角度来分析，文化的多元性既包含了信息化，又以信息化为媒介与载体。

第二节　语言的概述

一、语言的定义

美国语言学家萨丕尔认为，语言是人类所特有、非本能地使用自发创作的符号沟通思想、表达情感和愿望的交际手段。乔姆斯基在《句法结构》一书中指出：语言是一组（有限或无限的）句子，每个句子长度有限，并由有限的成分构成。虽然语言学家对语言的定义在表述上有区别，但都是从语言本质角度出发，大多数语言学家的观点是：语言是用于交际的符号系统。

语言学家认为，语言是人类所特有的交流手段，动物虽然也有各式各样的沟通方式（气味、舞蹈、声音等）却无法与人类语言相比。我国古人也认为，"人之所以为人者，言也。人而不能言，何以为人。"

随着语言学研究的发展，语言的构成要素，如语音、句法、语意、语用等领域的研究都有了长足的进步,但是对于语言产生的研究还停留在假说阶段,如摹声说、感叹说、劳动叫喊说等。

二、语言的功能

(一)信息功能

语言反映思维的内容,记载、记录信息,是语言的重要功能。韩礼德的概念功能是信息功能,语言为表达内容服务,内容是说话者自我意识的内部世界。

(二)人际功能

人际功能是语言的社会功能,可以让人们建立并维持在社会中的身份地位。功能语法框架中的人际功能注重说话人和受话人的相互关系,以及在话语中表达的态度,即表明交际双方亲密程度的语气及称呼上的用词等。

(三)情感功能

情感功能既可以体现为改变受话者情感的表达,如赞扬、责骂等,也可以是说话者自我情感的表达,如表示懊恼、愤怒或感叹等。

第三节 沟通的概述

一、沟通及构成因素

(一)信息源

信息源通常指具有沟通需要和愿望的具体的人,信息源是消息的制造者。所谓需要就是指希望别人对自己作为个体而存在的认可,对自己思想的共享或改变别人态度和行为的社会需要;而愿望则是指试图与别人分享自己的内心世界的欲望。因为沟通过程通常由一人以上参与,所以沟通中通常有多个信息源共同存在。

（二）编码

沟通过程中人们不能直接共享观念和思想，而必须通过符号的辅助。人们把思想通过符号的形式表达出来，这个把思想转化成符号的过程即称为编码。受文化的影响，人们表达同一思想的符号并不相同，但人们的思想可以通过语言或非语言符号的形式表达。

（三）信息接收者

信息接收者是接收并注意信息的人。信息接收者可以是有意图接收信息的，如其就是信息源意欲沟通的对象；也可以是无意图的，如其恰巧听到了某个信息。沟通通常是一个连续不断的、反复的过程，沟通中人们通常既是信息源又是信息接收者。

（四）解码

解码是与编码相反的过程，也是一个对信息加工的心理活动。信息接收者积极地参与沟通过程，赋予接收到的符号信息含义。

（五）信息接收者的反应

信息接收者的反应指信息接收者在解码后的行为。信息接收者的反应可以是对信息源的行为听而不闻，视而不见，不采取任何行动；也可以是采取了信息源所期待的行为，甚至可以是信息源不希望看到的行为。

二、沟通的特点

（一）沟通是交互式的过程

沟通的交互性体现在沟通中所有的参与者共同发挥作用，共同创造和保持意义。在沟通中，人们都在同时发送和接收着信息。

沟通有过去发生的、现在发生的和将来发生的区别。人们对某一情景的反应受到人们自身经验、情绪和期待的影响。例如，当我们很了解某人时，我们会根据我们过去的认识和经验对将要发生的沟通做出预测。将来也会影响现在的沟通，如我们希望彼此的关系能够继续发展，就会自动地调节自己的言行，为将来能够实现自己的目的而做准备。

（二）沟通是自省的过程

人们不仅用符号来描述和思考周围发生的事情，还用符号来反省自己的沟通行为。这种特别的天赋使人们同时扮演着沟通的参与者和沟通的观察者两种角色。在沟通的过程中，人们同时观察、评价和调整自己的沟通行为。从这个意义上来说，沟通是一个参与者自省的过程。

第四节　文化与语言、沟通三者之间的关系

语言、文化、沟通三者密不可分，相辅相成。语言是文化的载体，也是文化的组成部分。反之，文化能影响和塑造语言。英国人类学家泰勒在《文化的起源》中认为，文化或者文明从其广泛的民族志意义上言，是一个错综复杂的总体，包括知识、信仰、艺术、道德、法律、习俗和人作为社会成员所获得的任何其他能力和习惯。萨丕尔在《语言论》中提及过语言和文化之间一定有点关系，就是所谓的"气质"关系。他认为语言不脱离文化而存在，但后来又认为语言、种族和文化不一定相关联。笔者认为语言和文化是密不可分的，是紧密相连的。

一、语言是文化的载体

语言是文化的载体，是文化的一部分。不同的语言可以反映不同的文化特色。以英语和汉语为例，汉语是一种"意合型"语言，语用因素在语言交际中的作用非常强势。因此，汉语中有许多"只能意会，不能言传"的情况存在，需要交际双方通过共同的背景知识揣测对方的会话含意。汉语的这个特点恰恰反映了中国民族含蓄、婉约的东方文化。相反，英语是一种"形合型"语言，"格标记"在话语表达中使用频繁，情景因素在交际过程中只起到了次要作用。因此，欧美人在中国人看起来更加直接，性格更开放。再如日本人的"关系"观念很强，在语言层面体现为"简体"和"敬体"之分，对待不同辈分、级别和不同关系的人，同一个表达会采用不同的语体。因此，语言是文化的载体，是文化的一部分，通过语言自身的结构或表达方式的特点，可以推测其背后的文化与价值观。文化通

过语言才能传播，在第二语言教学过程中都是先学习语言，再学习文化。零基础语言技能下的文化教学都是不成功的。而且与"汉字文化圈"的留学生相比，非汉字文化圈的留学生不具备相似的文化背景，在学习汉语时难度也加大。此外，一种文化的传承也离不开语言作为有效载体。

二、语言发展受文化影响与制约

语言的发展受到文化的影响与制约，这是有迹可循的。许多欧美国家（如英国）受基督教文化影响，语言中有许多与宗教相关的词语与表达。时至今日，英语中仍有大量习语与宗教有关。欧美人的一些口头禅也尽是与神有关的语句，如"God!""Oh, my God!""May God bless me!""God save the mark!"等。

从总体来说，中国人没有统一的宗教信仰。古代大多数人信的是天、天道，因此发展出了许多与此相关的词汇与表达。例如，中国人常说"缘分天注定""三分靠打拼，七分天注定""谋事在人，成事在天"等，把"天"看成是最高主宰。

中西方信仰在语言中的不同映射在林语堂的一部小说中尤其明显。林语堂先生在1938—1939年间先用英文写下 *Moment in Peking*，后又自己转译为中文，书名为《京华烟云》。比较在第一章中，中英文不同版本描写姚大爷的一句话，中文为："他相信谋事在人，成事在天，要听天由命，要逆来顺受。"中文里的"天"，林语堂在英文中用"God"与之相对应。

美式橄榄球文化在美式英语中留下了深深的印记。有球员在橄榄球比赛中犯规时，因为害怕受伤，裁判就将一面黄色小旗丢入场中犯规的地方，如此"flag on the play"就有了犯规的意思。球迷在看过周末的精彩橄榄球比赛后，往往在周一上午的办公室里热烈讨论比赛情况，常常爱说"如果我是四分卫，我就会如何如何"这样的话，因此"Monday-morning-quarterback"用来表示"放马后炮""做事后诸葛亮的人"。此外，还有"home game""home opening game""Tailgate Party""on the carry"等。美国橄榄球文化与美式英语紧密相连，很难抛开一者谈另一者。

三、文化是语言的底座

每一种语言都有一种特性的文化与之相对应。这种语言的结构、交际形式都会或多或少地受到自己文化的制约。文化的发展影响语言的表达。在各种语言中，词汇是更替发展最直观的表现，新词的出现与旧词的消亡都受到文化的影响。网络环境下的文化发展极其迅速，文化因素是促进新词的产生、旧词消亡，以及词义发展和词汇活用的主要动力。另外，在世界历史上，不同国家或地区有不同的地理风貌与文化艺术，这也会影响各自发达领域内词汇的丰富与贫乏。例如，中国的艺术和建筑追求强烈的平衡感和对称感，因此汉语也多使用四字格成语，且常用反义合成来表达一个完整的意思，如"买卖""矛盾"等，以追求对仗和平衡。再如，因纽特人对雪的观察细致，因此不同状态的"雪"会有不同的名称。古希腊罗马的政治制度文明也丰富了相应的词汇发展，如意大利的音乐、绘画与雕塑的繁荣，使与之相关的词汇系统也随之复杂。所以，文化发展影响语言的表达，不同的文化制约了不同的语言表达。

四、语言的使用推动文化的发展、继承、传播与交流

语言是文化的载体，物质文化、制度文化和心理文化都在语言中反映出来。语言本身也是一种文化形式。同时，语言也是用于人类交流的任意语音符号系统。首先，语言的出现使文化的发展和传承有了可能性；其次，既然语言本身承载着文化，它又被用于人类交流，那么随着语言被用于不同民族和国家之间的交流时，它必然也推动着不同文化之间的传播与交流，继而又间接地助推了文化的发展与继承。

没有口头语言的出现，一些诗歌、民歌、传奇、故事等无法流传至今。没有文字语言的出现，就无法了解古人的生活情形及历史的发展。因此，正是语言的出现才使得文化的传承与发展有了可能。

英国16世纪开始殖民扩张，也把英语带到了全世界。随着英语在全世界的普及和使用，英国的文化也被全世界所熟悉。这是语言传播也能带来文化传播的一个力证。

中日之间的语言交流所带来的影响也非常值得关注。汉字很早就传入了日本，一般认为在公元4世纪左右。但随着语言的交流，中国的文化也随之传到了日本。今天的日本仍保留了中国古代的许多文化元素，而其中一些在中国已不多见，可以说这些文化元素在其他国家得到了继承。

五、语言是观察时代文化的窗口

（一）对古代语言的研究可窥见当时的文化

通过对甲骨文的研究，可以反映出上古时的文化生活特征。例如：通过"玄鸟"可以看出当时的图腾崇拜；通过"勺""福""岁""御""帝"等词汇可以看出当时的祖先崇拜；而"宾日""既日""又入日"等文字与祭祀有关。从当时人们所使用的语言，不难看出彼时的文化焦点。

（二）语言随时代文化的变化而变化

随着网络时代的兴起和发展，许多网络词汇也随之兴起。有一些是直接与网络或电脑有关的新词汇，如"防火墙""路由器"等。也有一些老词产生了新的意义，如"沙发"（帖子或微博等的第一个留言）、"灌水"（指在网络上发布一些意义不大的话）、"猫"（一种上网设备）等。同时，还有一种现象是用缩略字母或数字代表某些含义，如"9494"（就是就是）、"3Q"（Thank you）、"BF、GF"（男朋友、女朋友）等。可以说，这些词汇就代表了互联网时代的文化。

六、语言的交汇融合反映了文化的交融

中英文混用现象是文化交融的一种典型表现。例如，人们可能会在生活中"唱卡拉 OK""去参加朋友的 party""这个方案，你觉得 OK 吗？""报考 GRE""B 超""High 翻天""摆个 Pose"等。这种现象不仅反映了学习和使用英语的人逐渐增多，也是不同社会文化交流融合的体现。

随着文化交流和融合的加深，各种语言之间的词汇和表达也在不断相互影响。汉语在近代以来就增加了很多外来词汇和表达。很早以前，就有"德先生"（民主）、"赛先生"（科学）等西方词汇，后来又有"蒙太奇""披头士""嬉皮士""草根"等词汇。英文中也借鉴了不少中文的词汇和表达，如"mah-jong""tofu（豆腐）""fengshui""Long time no see."等。

日语的发展更是极大地体现了文化的融合。公元 4 世纪左右，懂汉语的朝鲜人向日本人传授了汉字。后来，日本人直接向中国系统学习汉字。8 世纪左右，日本人根据汉字发明了"万叶假名"。现在，日语中常用汉字有 4000 字左右，最

常用的 2000 字左右。由于汉语词汇进入日语时间久远，在日语中已经成为一种表达习惯，因此汉语词汇在日语中不属于外来语。除汉语外，日语中也在不同时期吸收了葡萄牙语、荷兰语、英语、俄语、德语等外来语词汇，据统计，有 6 万词汇量的《新明解国语词典》中，外来语约有 5000，占总词汇量的 8%。日语的发展历史，体现了文化的交融，今天的日本仍然随处可见茶道、礼仪、传统服饰等中国文化，当然也有许多欧美文化。

语言与文化之间即使不是萨丕尔所说的没有内部的必然联系，但它们之间也有着不可分割的紧密关系。在进行语言学研究时，文化可以是很好的切入口；在研究文化现象时，语言更是一个不可或缺的重要工具。

七、语言、文化是实现沟通的必要手段

虽然语言的功能是多方面的，但最重要和最本质的仍然是它的沟通功能。语言是社会现象，语言的本质属性是作为社会的交际工具，语言发展的规律遵循它本身内部的规律，但语言作为社会现象对社会有依赖性，它是为了满足社会的交际而产生、存在和发展的。马丁内在《普通语言学纲要》中指出：语言这个工具的主要功能是交际，如法语，首先就是可以使运用法语的人互相联系。但直到 1971 年，美国著名人类学家海姆斯发表《论交际能力》，才第一次提出交际能力这一概念：语言与社会生活的结合是一种积极的、有益的现象，实际上，存在着一种语言运用的社会规则，不掌握它们，语法规则便毫无用处。这里"语言运用的社会规则"指的就是交际能力。

第五节　小结

中西方文化在思维方式上的差异对各自的语言交际产生了很大的影响。总体上，影响跨文化沟通是以中西方文化差异为核心，从价值观、语言差异、社会心理、人际关系等多个不同角度发散出去的多个分支。通过本章节的分析，我们不难看出文化、语言、沟通三者之间存在着紧密的联系。不同地域环境下的语言蕴含着当地的特色文化，而从语言的表达方式上，也可以深入了解当地人的思维方式，这对实现沟通目的有着重要作用。

第五章 跨文化沟通能力概述

进入 21 世纪，经济全球化浪潮正逐步渗透和影响着人类社会的方方面面。经济全球化既是一种客观事实，也是历史发展的必然趋势之一。随着人类全球化、信息化进程的不断加快，不同地域、不同历史文化背景的人们在经济、政治、文化、科技等诸多领域的交流日益频繁，跨文化交际已经成为当今世界的一个重要特征。本章是跨文化沟通能力概述，从跨文化沟通的基本问题、跨文化沟通能力理论、跨文化沟通能力分析、影响跨文化沟通能力的因素等五方面展开了论述。

第一节 跨文化沟通的基本问题

一、跨文化沟通模式

许多学者针对跨文化沟通的过程、性质、效果等提出了多种模式。关世杰在《跨文化交流学 提高涉外交流能力的学问》中借鉴施拉姆的交流模式描述了跨文化沟通的过程[1]。他将跨文化沟通的过程分为编码、传递和解码的过程。其中，编码和解码是在不同文化的编码中进行的。根据关世杰的跨文化沟通过程模式，甲文化发送者将所要发送的信息依照甲文化码本和程序进行编码，通过信息渠道传送给乙文化接收者。乙文化接收者依照乙文化码本和程序对信息进行解码。文化的共性与差异，使得解码得到的信息意义与原信息意义既有重合也有改变。乙文化接收者基于这些信息形成意向或做出反应，并依据乙文化码本和程序将意向或反应编码，反馈给甲文化的发送者。可以看出，跨文化沟通的过程是一个循环的

---

[1] 关世杰.跨文化交流学 提高涉外交流能力的学问 [M]. 北京：北京大学出版社，1995.

过程，信息发送者和接收者的角色在不断互换。

关世杰和施拉姆都是传播学学者，所以他们所描绘的跨文化沟通模式是从传播学的角度出发的，强调交际过程，并未涉及跨文化沟通的要素和结果。多德在他的跨文化沟通模式中从文化学者的角度分析了跨文化沟通的过程，多德引入了"感知文化差异"的概念，将其作为跨文化研究中的重要因素。他认为，有效的跨文化沟通是因为交际者所掌握的"感知文化差异"（PCD）使他们对交际中可能会出现的"不确定性"和"紧张感"有了相应的适应；而固执和文化偏见则会导致文化交际的失败。在自己的跨文化沟通模型中，他拓展了"感知文化差异"的概念和假设。他指出，文化只是造成交际者差异的来源之一，并描述了PCD如何减少交际中的不确定性和紧张感，如何在多元化的环境中实现有效的交际。他在模型中提出了"C文化"（第三种文化）的概念，为交际建构了共同基础，提出了跨文化沟通所应该达到的效果。

二、跨文化沟通有效性

（一）文化误读

从跨文化沟通的场域看，迪士尼公司于2020年9月在全球上映的真人版电影 *Mulan* 是对中国传统民间故事全球范围内的一次宣传。这个经迪士尼公司改写的中国故事一登上国际大银幕就受到了广泛的关注，但这部电影在中国却反响平平。导致这一问题的症结在于，电影中虽然运用了大量的中国文化符号，但对中国的文化误读随处可见。《木兰诗》是收录于《乐府诗集》的南北朝叙事长诗，是记录木兰故事最为详细的文本材料。故事讲述了一位叫木兰的女子，在国家危难之际女扮男装、替父从军，在功成名就之后却不贪恋功名，只想归家侍奉父母的故事。木兰以忠心刚勇、孝心至纯的品质为中国人所熟知。

而美国迪士尼公司改编的木兰故事是西方人按照自身文化对中国故事的错误阐释，是在西方文化霸权指导下出现的文化误读。美国解构主义学者哈罗德·布鲁姆（Harold Bloom）最先在其专著《误读图示》（*A Map of Misreading*）中提出误读理论。此后，这一理论长期影响着文学、文化研究领域。而中国学界最早提出"文化误读"概念的是乐黛云。她在2004年发表的《文化差异与文化误读》

一文中做出解释："误读就是按照自身的文化传统、思维方式，自己所熟悉的一切去解读另一种文化。"[①]

中国民间传统故事因其立意深远的内涵得以流传并经久不衰。中国人熟知的木兰是一位骁勇善战的巾帼英雄，也是践行忠孝之道的普通女性。对木兰从军的原因，《木兰诗》中有翔实的解释："昨夜见军帖，可汗大点兵，军书十二卷，卷卷有爷名。阿爷无大儿，木兰无长兄，愿为市鞍马，从此替爷征。"从《木兰诗》中可以窥见，木兰从军是出自内心的孝道：匈奴来犯，可汗征召士兵，而父亲年事已高，无法领兵打仗，木兰临危受命，替父出征。

真人电影 Mulan 对木兰从军的原因却另有解释：除了为父尽孝，木兰从军还为了寻找自我，实现女性身份的认同。电影中，导演将"气功"设定为男性特有的能力，身怀这项技能的女子却只能给家庭带来不幸与耻辱。由于对这一现实的不满，木兰更名"花军"，入伍从军，却在立下赫赫战功后选择归家。她在从军过程中逐步实现了女性身份的认同，完成了个人的成长。迪士尼故事中的木兰对于"忠孝"内涵被弱化，而个人式成长的主题得以强化。这种个人式成长的主题经常出现在美国电影场景中：普通人通过个人努力改变命运，实现个人成长。

电影对"孝"这个词的翻译也体现出西方人对儒家文化中"孝道"的误读。在电影字幕中，"孝"这一重要的概念被翻译成了"devotion to family"。翻阅英语词典发现，"devotion"一词更多的是表达一种责任。这反映在西方人的认知中，木兰从军是出于对父亲、对家庭的责任。正是西方世界对儒家文化的误解，导致西方人对"孝道"的误读，并且西方人并不认同中国人推崇的孝道。因此，字幕中才未将孝道译为常见的"filial piety"，而是译为具有中性意义的"devotion to family"。"piety"这个词在西方的语境中主要表示对宗教的虔诚，而"filial"又强调这种虔诚针对的是父母，这与西方世界强调的个人主义相冲突。因此，迪士尼拍摄的 Mulan 弱化了木兰故事蕴含的孝道文化，转而强调美国人更易接受的女性意识觉醒的主题。电影中，木兰面对父母老迈的情况，仍旧离家参军，寻找身份认同，与中国文化中"赡养父母"的理念背道而驰。

中国语境下的"孝"蕴含的意义更为深远，并非"责任"一词就可以解释清楚。"孝"是中华民族最基本的传统美德。孝道文化深植于中国儒家文化之中，并在

---

① 乐黛云. 文化差异与文化误读[J]. 中国文化研究，1994（2）：17-19；6.

现代社会中延伸出了多重含义，譬如供养父母、生育后代、推恩及人、忠孝两全、缅怀先祖等。古人讲"在家尽孝，为国尽忠"，意思是个人为父母尽孝是国家危难时为国家尽忠的前提，家国情怀由此建立。因此，木兰在替父从军的过程中，虽然未在父母身侧尽孝，但也是为国尽忠，是为"忠孝"。

在中国家国同构、忠孝同义思想的存在，木兰从军的行为就得到了合理解释。《孝经·广扬名》有云："君子之事亲孝，故忠可移于君。"意思就是说，君子为父母亲尽孝，因此也能把对父母的孝心转移成对国君的忠心。匈奴肆虐，可汗点兵，而父亲老迈，无法征战沙场。因此，木兰接替了父亲的从军义务，以另一种方式尽孝，也就是古人讲的"忠孝相通，求忠诚于孝子之门"。木兰在经历了"将军百战死，壮士十年归"之后，舍弃了君王赐予的富贵荣华，回归故乡孝敬父母，再次体现了木兰对父母的孝心。在宋代，岳飞的母亲在岳飞对抗金人时曾托人给岳飞带话："勉事圣天子，无以老妪为念。"岳母劝勉岳飞为国献身，无须惦念自己，是为大义。这些事例证明，在国家危难存亡之际，尽孝可以为忠君让道，这种思路正是家国同构的体现。

对比两个版本我们不难发现，迪士尼真人电影 *Mulan* 传达出的故事内涵与《木兰诗》所体现的并不相符。虽然合理的改编能够让故事焕发出新的活力，但电影版的木兰更像是一位追寻自我身份认同的女斗士。她在抗击匈奴的过程中不断反思自我，最后塑造了一位"loyal, brave and true"的美国式女英雄，这是西方人按照自身的文化传统来解读中国文化的典型体现。《木兰诗》中的主人公在完成替父从军的使命后，恢复了往日的生活，继续在家侍奉父母。迪士尼对木兰故事的改编并不能使外国观众体会到中式孝道的真正内涵，反而会使人产生误解，难以使中国文化得到很好的传播与交流。

（二）实现跨文化沟通有效性的策略

沟通中的误解是指双方对同一信息所做出的诠释不一样。这种误解虽然不能完全避免，但沟通并非就此无法进行下去了。要做到有效的沟通，一是要有类似的意义诠释。沟通双方应该掌握对方语言，了解对方文化。若是精通对方的语言，能流利地与之用其本族语对话，比不太懂外语或要借助他人翻译的沟通，效果通常会更好。当我们听完被叙述的事情，然后结合说话的社会背景知识，判断对方到底是表达什么意图及什么态度。在这一过程中，语言、文化知识的作用无疑举足轻重。二是要相互理解，既要力求"己所不欲，勿施于人"——同情，也要尽量"人所不欲，勿施于人"——移情。后者在跨文化沟通中极为重要。与不同文化的人打交道，因为不同文化的价值观、思维模式、风俗习惯或是简单的好恶，因此要多站在对方的立场和角度揣摩对方的意思，能避免民族中心主义的倾向。

三、跨文化教育与多元文化教育

（一）理论基础

1. 文化全球化理论

根据美国社会学家罗兰·罗伯逊的研究结果，全球化进程不仅是要实现经济全球化，更是要实现文化全球化。文化全球化已经成为一种势不可当的发展趋势，是人类文明发展在打破区域障碍限制后的一种客观现象，更是人类文明下不同文化体系的交融、吸收、创新和增强的标志。从社会和政治的角度看，文化全球化削弱了政治控制的力度，让人为设定的社会界限开始贬值；从人类文明发展的角度上看，文化全球化是人类文明发展的必然结果，是人类发展的趋势。在文化全球化的进程中，我们不能人为地阻碍文化全球化的发展进程，要像经济全球化发展那样，通过积极参与其中并且制定发展规则，实现文化共荣、互通互进、沟通融合的效果，实现全世界范围内的不同文化体系的文化"和合共荣"与"和谐发展"。

（1）文化全球化的传播内涵

有关文化全球化的传播内涵目前仍然存在争论，不同的学者有着不同的观点，主要原因是文化全球化涉及范围比较广，分析视角也不同。对于文化全球化的传播内涵，有的学者认为是全球范围内不同文化的相互交流和相互作用下逐渐同质化的效果，也有的学者认为是文化交流的深化，是人类文明在发展过程中建立的共享化的文化信息模式，能够实现不同文化思想之间的相互影响。虽然不同学者对于文化全球化传播的观点存在分歧，从不同的视角来阐述文化全球化，但是其核心是一样的，即文化全球化是不同文化之间开放的结果，是不断冲突、交流、影响后的最终状态。

当前，以经济为基础，逐渐向文化等领域趋于全球化进程的变化是一种必然趋势，文化全球化的发展要求全球范围内的每一个国家在自己的文化资源、文化产品及文化服务上都要符合全球化的规律和特点,只有这样才能实现文化对外输出和影响。所以文化全球化的传播内涵,可以从以下三个方面来理解。

第一,文化全球化的发展,是实现文化对外输出,即向全球范围的传播,这也是在经济全球化发展的基础上不断发展起来的,是文化发展的必然历史进程,类似于经济全球化的发展,文化全球化在表现形式上也是全世界范围内的传播与交流。在同一个世界的概念下,各个民族、各个国家之间的文化信仰、文化精神、生活习惯等逐渐交融并产生同质化的现象,在文化认知上也开始了大规模的交流,使得全世界的民众在文化价值观念上逐渐有了相似的观点,这为文化全球化发展奠定了良好的基础,再加上科学技术手段越来越发达,互联网通信技术被广泛应用,打破了原有的时间和空间的局限性,为全世界文化进一步传播和交流提供了客观条件。所以,当前已经具备了文化全球化发展的客观环境和条件,各种全球公共问题也逐渐出现,各个国家的交往与合作也逐渐深入,全世界民众已经逐渐有了"全球意识",这些都加速了人类文化全球化时代的到来。

第二,文化全球化是文化在全球范围内的不同文化体系之间的交流与影响。随着经济的不断发展,各种现代科学技术也有了足够多的资金作为支撑来加快现代人的思想和文化的交流与影响,不同时区、不同地区的人们可以突破传统意义上的时间和空间的沟通限制,达到文化快速交流与影响的效果。所以,文化全球化的第二层含义就是不同文化体系之间的交流与影响,达到这一个层次就需要突破传统意义的时空限制,还需要突破语言的客观限制和文化认同的主观限制,只有这样才能实现全世界范围内的文化交流、渗透、学习与影响,逐渐形成文化全球化的频繁交流局面。

第三,文化全球化要实现全世界不同文化的多样化共存、相互借鉴并和谐发展的局面。马克思曾经提出过"世界的文学"概念,其实就是文化全球化的具体阐述,即实现世界文化体系多样化,实现不同文化体系的和谐发展,体现不同民族、不同国家的文化价值观。文化全球化的前两个层次,主要是客观限制和部分主观限制,而要实现文化全球化的多样化文化共存,则需要全世界的民众主动参与到文化交流中来,并且让文化交流与繁荣成为一种长期存在的人类文明制度和意识形态,迎接来自不同文化的精神文明的洗礼,让世界不同体系下的文化随着人类文明的发展逐渐形成和谐共存的新局面,这也是文化全球化的最终归宿。

（2）文化全球化的传播方式

文化全球化的发展，本质是不同文化体系突破原有的地域局限和时空限制，不断地在全球范围内进行传播、交流、影响并融合。从文化全球化的传播方式来看，一般分为"濡化"和"涵化"两种方式，其中"濡化"是指以文化内容为核心的纵向传播，而"涵化"则是以文化受众为核心的横向传播。

文化纵向"濡化"传播。两个不同体系的文化，由于相互接触和影响而逐渐出现文化融合和变迁，最终形成一种新思想的文化体系。文化"濡化"传播，很多时候是某个文化体系通过主动选择后，学习和吸收另外一个文化特征，而起到主导作用的文化体系不断影响驱使被动的文化体系产生改变。例如，唐朝时期我国汉文化举世闻名，日本就曾经派专门的人员到我国学习汉文化并输入日本文化中对其产生影响。文化"濡化"传播很多时候会使学生或被影响者主动放弃自己的文化需求，逐渐被主导文化输入并产生影响。

文化横向"涵化"传播。文化"涵化"传播，通常是以文化个人的群体，在长期集中接触而产生的文化融合的现象。文化"涵化"传播更加强调文化个体的影响性，常见的方式也有直接传播方式，如以前的传教士；刺激传播方式，如先进的文化刺激他国而形成文化固定迁徙的现象。文化"涵化"传播因为接触力度和影响的不同产生的效果不一样，"涵化"传播需要更加注重载体传播特性和影响效果。

整体上看，文化"濡化"的纵向传播，是一种文化被完全吸收后形成的新的文化形态，而文化"涵化"的横向传播，则是不同文化的交流、渗透、影响的结果。在文化全球化的发展进程中，文化的"濡化"和"涵化"传播是相辅相成的，往往是两种传播方式相互融合、相互交叉的共同作用的效果。我国传统文化的跨文化传播，需要借助文化全球化传播的力量，来不断地"濡化""涵化"其他文化体系下的受众，并且要持有开放的态度不断学习和吸收其他文化体系的优点，从而真正实现文化全球化传播的效果。

2. 跨文化传播理论

跨文化传播理论，更加强调不同文化体系下受众特性。不同的受众特点让跨文化传播方式、内容和实施方案等诸多方面都具有多样性。

（1）跨文化传播概述

我国的跨文化传播学研究，相对于其他国家来说起步比较晚，不少学者从开始翻译或编纂跨文化传播的相关书籍，开启了我国跨文化传播学科的新篇章。随着我国文化事业的不断发展及国家对文化对外输出的不断重视，跨文化传播的研究也开始逐渐深入。我国学者段连城在1988年出版了《对外传播学初探》一书，可谓是我国具有创新意义的跨文化传播著作，段连城在《对外传播学初探》中强调了我国文化对外传播的基本原则，并且强调了文化对外传播要注重"文化差别"的观点。2004年，我国学者沈苏儒出版了《对外传播的理论与实践》，提出了我国文化对外传播的本质——"跨文化传播"，从而让我国文化对外传播的研究更加透彻，而后越来越多的学者延续了"跨文化传播"的概念，开始了更加深入的研究。例如，2019年单波出版的《跨文化传播研究》、2019年姚晓盈的《跨文化传播理论研究》就是"跨文化传播"的具体阐述。当然，我国在跨文化传播的学术内涵上仍然存在一定的分歧，但是其在我国传统文化跨文化传播的具体实践上仍然提供了非常丰富的参考建议，而且随着我国综合国力的不断增强，文化传播的实践也越来越深入，这些都为我国跨文化传播理论提供了丰富的经验和案例供我国学者研究。相信在不久的将来，我国跨文化传播理论将会在世界文化传播学术中随着我国在不同文化体系中的文化影响力的不断提升也会大放异彩。

（2）跨文化传播理论

跨文化传播学作为文化传播的一部分，是一个理论体系颇为庞杂的学科，基于文化传播学的理论研究，涉及文化传播的主题、概念、范式、话语等方面的内容建设。

开始之初，跨文化传播理论是在文化传播的基础之上进行了拓展和丰富，这也算是较为常见的，当然也有学者通过对其他学科的理论进行引用和创新作为跨文化传播理论。当前最常用的跨文化传播理论，是从20世纪80年代开始单独发展起来的理论，主要分为两大类：一是文化传播和差异理论，二是跨文化适应和调整理论。

第一，文化传播和差异理论。在文化传播理论层面，常见的能够代表文化差异性传播的有传播与文化的构建、文化协同管理等。在文化差异层面，常见的能够代表文化差异性传播的有面子协商理论、高语境文化理论与低语境文化理论等，这些理论知识都为跨文化传播理论体系奠定了理论基础。国际传播学学者詹姆斯·阿普尔盖特在1988年就开始深入文化传播领域的研究，但他是借助于建构主义理论作为切入点，来研究文化与传播之间的不同视角下的相互作用和关系。詹姆斯·阿普尔盖特认为，传播本身是信息分享、交换的过程，需要有目标驱使，实施主体会根据自己的目标来达到信息交互和识别的过程。国际传播学专家巴尼特·皮尔斯则是从文化传播的协同管理中起到的角色作用进行分析，并提出了文化意义的协同管理理论，他认为所有的文化传播都是社会性的传播，不同的传播链条之间各不相同，而道德秩序对于社会性和多样性，对于传播来说具有信息传播和信息解析的作用。

随着跨文化理论研究的不断深入，对于不同文化体系自身差异性而产生的传播差异性的理论研究也逐渐开展起来，其中面子协商理论就是从东西方文化的差异性入手来研究传播差异性的相关理论，根据面子协商理论内容，每个文化体系下的成员自身具有自己的"面子"，而如何管理自己的"面子"则由其内在的文化价值观来决定，尤其是面对冲突情景或对"面子"有影响的事情的处理方式，也都由不同文化体系下的文化价值观影响。从西方社会心理学研究来看，"面子"是人的社会尊严和个体道德的体现；从中国重人情关系角度来看，"面子"则与人情、关系紧密相连，是人情社会中的必要元素。显然，中西方"面子"观的侧重是不完全一样的。《中庸》中说："喜怒哀乐之未发，谓之中；发而皆中节，谓之和；中也者，天下之大本也；和也者，天下之达道也。致中和，天地位焉，万物育焉。"在具体的交往情境中，面子就是一种情之已发状态，其无所谓能不能讲，而在于如何讲。朱子在《中庸章句》中就解释了"讲面子"的一套法则："发皆中节，情之正也，无所乖戾，故谓之和。"中庸之道首先体现为一种关系融洽的交往之道，以增进"和"为目的，是一套"修身克己"的内在功夫。所以，在素有"礼仪之邦"称号的中国，"尊礼仪""爱脸面""讲体面"等日常行为准则都成为一种基本的社会观念。"不给人以面子，是不可宽恕的无礼，犹似欧美人的向人挑斗"，如是，则和谐与和平难以实现。

此外，高语境文化理论和低语境文化理论，也对文化差异性下的文化传播进行了阐述和解释。根据传播学专家爱德华·霍尔的理论研究，他从文化语境的角度出发，将其分为高语境和低语境，并且认为高语境文化中的语言含义相对模糊，而且在高语境文化中，语言并不能代表所有的意义，需要从文化群体思维习惯中去阐述，而低语境文化则是相对清晰和明确的，且语言本身就可以明确其基本含义。根据高语境文化和低语境文化的理论,爱德华·霍尔将当前世界的文化体系进行了划分,如划分在高语境文化体系中的有中国、日本等国家含蓄文化形态下的文化体系,而低语境文化中则包含欧美等国家直白文化形态下的文化体系。对于高语境文化的问题体系,需要借助民族习惯、思维方式等来加以阐释,而低语境文化则由于语言本身的直来直去很容易让其他文化体系下的受众理解。对于高语境文化和低语境文化而言,两者是从语言文化形态上来阐述了跨文化传播的行为特点,也表明了跨文化传播下不同文化体系,尤其是不同语境文化体系下的受众受自己文化的影响,在思维方式、文化接收行为特点上存在差异性,这也是跨文化传播存在的主观障碍,是跨文化传播不得不考虑和面对的客观现象。

第二,跨文化适应和调整理论。跨文化适应和调整理论是指文化交流的实施主体之间的相互调整与适应,常见的具有代表性的理论有跨文化适应理论、传播调整理论等。

1983年,传播学专家休伯·埃林斯沃斯提出了跨文化适应理论,根据休伯·埃林斯沃斯的研究成果,传播主体下的不同传播活动都会受到文化差异性的影响,因此要面对不同的受体,需要考虑文化相关要素来不断适应。基于跨文化回应理论,休伯·埃林斯沃斯对跨文化传播的理论体系建设提出了各种假设,他指出只有在传播过程中实现功能性的适应及适应中的公平,文化跨文化传播才能更具有效性,而非功能性的适应则会激发文化冲突和矛盾,阻碍或延缓任务的完成。跨文化的功能性适应,需要传播主体之间相互合作,这样才能出现适应中的公平。

跨文化调整理论,则是侧重于在跨文化传播过程中面对不同的社会语境,传播主体的行为需要进行对应的调整。在跨文化调整理论方面,具有代表性的是会话调整理论、传播调整理论。20世纪70年代,传播学专家霍华德等通过对人们在交往过程中的会话策略进行研究,发现在受体所在的社会语境中语言会发生变化,其中口音变化最为明显。根据会话调整理论,霍华德等人提出了信息表达主体在与受体的沟通交流中,主体会调整自己的会话策略,如"趋同策略"或"分化策略"等,来实现与受体之间的传播距离的调整,从而实现不同的传播效果。基于会话调整理论,贾尔斯将传播影响因素从语言因素扩展到非语言因素,认为主体与受体之间可以使用会话策略、行为策略等来表明自己的态度,从而获取受体的赞同与好感。所以,跨文化调整理论是在传播范围扩大到不同文化体系下的传播主体与受体之间，而且传播主体的语言、行为策略甚至是传播动机都会影响受体的接收效果和影响质量。

（3）跨文化传播的内涵界定

跨文化传播的本质就是两个不同文化体系进行碰撞、交流、融合的过程，需要涉及文化及传播的所有内容。对于"跨文化传播"的内涵界定，我国在学术界尚未形成统一的学科理论体系，常见的汉语表述也非常多，如"跨文化传播""跨文化交流"等，再加上很多领域的专家学者从不同的角度本着不同的目标都在研究跨文化传播，所以在对"跨文化传播"的内涵界定上也存在一定的范畴。笔者尝试着从国外文献翻译中发现，学术角度上的差异也会造成翻译上的差异。例如，从传播学的角度上讲，很多学者都倾向于"跨文化传播"的翻译方法，认为该词更具有针对性和有效性，但是从事语言学的专家学者更倾向于人际交往，以及跨文化体系下不同个体之间的交际习惯和技巧等，所以会选择"跨文化沟通"的翻译方法，对于从事国际关系处理和外交的专家学者则侧重于不同文化体系之间文化活动的交流，所以更多地选择跨文化交流的翻译方法。

根据跨文化传播的理论研究及本书的研究目的，笔者认为跨文化传播是传统意义上的信息传播意义范畴的延伸和拓展，是突破了跨文化背景下的人际传播的范畴，在本书研究中更加强调的是大众传播作用的跨文化传播，即其中传播主体媒体向另外一个文化体系下的受众进行的大众传播的实现。所以，跨文化传播视角下中国传统文化走向世界研究中，更多都是从跨文化传播学的角度出发的，重点研究大众传播的载体传播影响。

对于跨文化传播的具体内涵的界定，笔者从诸多研究文献及我国具体的传统文化传播实践案例进行分析和研究，认为跨文化传播本质上是不同文化体系或不同的文化形态之间的文化交流、渗透、碰撞、共享、融合、创新的过程，而这些文化传播行为的实现则需要传播主体与受体之间的文化信息沟通和交流，逐渐产生大范围的影响，从而实现对受体国家、民族或群体性的文化影响。在跨文化传播的具体内容上，传播学著名的拉斯韦尔"7W"模式对跨文化传播进行了明确的说明，让跨文化传播更具有可操作性，也为我国传统文化的跨文化传播提供了实践建议。根据拉斯韦尔"7W"模式，跨文化传播由于不同文化体系下受众差异性的影响，需要考虑传播情况、传播目的的额外因素，使跨文化传播的实施更具可操作性和有效性。如图 5-1-1 所示，跨文化传播理论的"7W"模式。

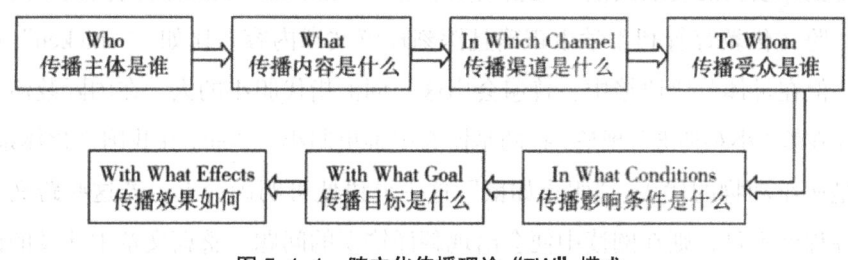

图 5-1-1　跨文化传播理论"7W"模式

（二）跨文化教育

1. 高校英语教学中跨文化教育的重要意义

（1）提升高校学生英语能力

高校英语教学中跨文化教育对学生有重要意义，其中最明显的作用是提升学生英语学习能力。英语专业的学生重视英语的听力、表达与翻译能力的提升，但是在基础教学中练习英语能力需要特定的场景，根据人们交流的语言环境来练习英语各项能力。而跨文化教育则满足学生的学习要求，通过结合学生的交流语境，学习英语应用技巧，提升英语能力。英语的学习应建立在语言环境中，并不是一味地背英语单词、短语和句子，而是在实际交流中提升英语应用能力。跨文化教学只有帮助学生了解各地方本土文化，提升认知，使语言表达建立在特有的文化基础上进行进一步的学习，才能从根本上学会一门语言。

此外，以往应试教育普遍是通过书面成绩评价学生学科优良状况的，此种形式在英语语言学科层面难以精准评价学生的实际状况，比如，现阶段国内高等院校进行的大学英语四级与六级考试，书面考试可明确学生语法积累与词汇累积程度，但难以检测学生是否可以应用英语语法和词汇展开熟练的、正确的交流。跨文化教育有助于学生强化学生们英语实践运用能力。在日常学习过程中，由于实际英语语境的缺失，学生口语交流机会不足，若遇到英语角等类似实践活动，多数学生便会在交流过程中发生语塞问题，进而出现失语现象。但若跨文化教育对学生进行有效培育，英语教育实效性也会有所加强，无论是基于知识面拓展还是交流深度层面而言，均对学生强化个体英语应用能力有较大帮助。

最后，跨文化教育有利于提高学生阅读能力。在英语阅读过程中，尤其是高等教育阶段的阅读，往往会存在诸多文化现象，若学生无法正确理解这种文化现象，在更深层次的英语阅读中便会出现疑惑，甚至无法正确理解阅读文本内容的问题。跨文化教育有利于学生正确且深刻理解文章内容。比如，"chicken"意指鸡肉，但在具体英语语境中，普遍会用这一词汇指代胆小的人，在国际政治学领域中存在着"小鸡博弈"现象，指的是博弈中谁更胆小。然而，在我国文化体系中，老鼠是胆小动物的代表，"胆小如鼠"这一词语便可明确诠释。若这些跨文化知识掌握程度不足，则在阅读中便会出现翻译错误的问题，整篇文章中涉及的诸多内容均会被理解为其他含义。因此，英语教育和跨文化教育可以让学生在英语阅读中缓解阅读压力，并且也会强化学生英语学习兴趣。

（2）发扬民族优秀文化

英语作为人与人之间交流的载体，对人们了解信息有重要意义，在人们的交流中可以对自身本土文化进行宣扬，让人们相互了解各自地域的特色传统文化。高校跨文化教育更是如此，在各国家学生的交流中，透露着本土文化特征，让学生对各国家的文化有一定的了解，不仅提升了学生之间的沟通能力和理解能力，还开阔了学生的眼界。学生能在相互交流中了解多种民族文化，体验不一样的风土人情。跨文化教育是双向的，学生不仅对外来文化进行吸收，还对本土文化进行发扬，促进国际的文化互通，使教育全球化发展产生良好效果。

（3）增强国际高校之间的联系

在当今时代的教育发展中，越来越多的学生走进国外高校，学习更专业的知识与文化，也有越来越多的外国学生走进中国院校，进行学习和生活。在高等教育国际化发展的过程中，加强了国际的学生交流，提升了学生的思想建设，开阔了学生的思维与视野。跨文化教育正是对教育国际化发展的良好促进，通过英语跨文化教育，加强本土学生与外界交流生之间的交流，带动国际化教育的发展，使学生不仅在学习上进行交流，还在生活上加以联系，带给双方学生更好的交流体验。学生的交流可以促进国际高校友好合作，为校园多元化的发展增添活力。

（4）提升学生沟通交际能力

跨文化教育还可以提升学生沟通能力。当今社会人们的沟通能力十分重要，在实际工作中只有良好的沟通才能保证工作有序进行。高校开展的跨文化教育能够加强学生之间的交流，拉近人与人之间的距离，在沟通与交流中提升自己的表达能力和社交能力。

跨文化沟通隶属人际交往范畴，这种人际交往建立在异域文化的人群之间，而跨文化教育有助于将跨文化交流落到实处，也有利于提高学生的英语实践运用能力。交际能力培养现已成为跨文化教育的重要维度，所以英语教育不仅要重视培养语言知识与语言技能，也要重视培养学生交际能力，并使跨文化教育成为学生交际能力培养的主要手段。在英语教育中，若学生具备跨文化意识，便可在母语文化环境下学习英语、掌握英语文化知识，实现真正的跨文化沟通。

2. 高校英语教学中跨文化教育的开展策略

（1）加强跨文化教育的重视程度

要想开展高校英语教学中跨文化教育，加强师生对跨文化教育的重视程度是基本要求。一方面，教师应创新教学理念和教学思想，了解跨文化教育在英语教学中的重要地位，从而积极开展跨文化教育，帮助学生提升英语翻译能力。学校应加大宣传力度，促进教师改善教学思想，宣传跨文化教育的重要性，推动教师积极响应学校号召。学校应对英语专业提供相应支持，加强教学基础建设，为跨文化教育创立良好的学习环境和平台，保障跨文化教育的高效开展。另一方面，学生也应正确认识跨文化教学的积极意义，改善学习态度，积极配合教师开展跨文化教学工作，提升自身英语水平。学生不应将英语学习局限在英语等级考试上，应当树立良好的英语思维，提升自身英语应用能力，从根本上解决英语学习问题。跨文化教育的开展能激活学生的学习活力，开发学生的思维，使学生的英语学习潜能被充分挖掘。因此，只有学生自身认识到跨文化教育的积极作用，才会以正确的学习态度开展与国外学生的交流，主动与他人沟通，提升自身综合能力。

（2）提升教师的综合素养

在高校英语教学中，教师是教学的主要引导者，其自身素养对学生的影响十分强大，教师具有良好的素养可以改善教学质量，提升学生学习效果。第一，高校应当加强教师的思想建设，帮助教师明确跨文化教育的必要性，使教师发自内心认同跨文化教育，并了解跨文化教育的开展方式和方法。教师应发挥引导作用，对学生进行积极的引导，带领学生开展跨文化教育。第二，教师应提升自身修养，建立正确的教学方向，重视培养学生学习兴趣，激发学生学习活力，从而循序渐进地提升英语综合能力。教师应具备良好的责任心，积极鼓励学生，加强引导、帮助学生解决学习中遇到的问题，树立英语学习信心。第三，教师应将教学目标放长远，帮助学生养成良好的英语学习习惯，使学生明确英语学习不是一项任务，而是一项必要掌握的技能，不仅在学校中要努力学习，在今后的工作中也要积极学习，加强英语应用能力。第四，教师身为文化与英语知识的直接传播主体，其对本土文化知识了解、教育观念与课堂中对中西文化的讲解会直接或者间接地对学生英语学习产生影响。若想促进英语教育和跨文化意识的成长，英语教师既要具备夯实的语言知识基础，也要具有较强的跨文化意识，掌握以英语语言正确表达本土文化内容的能力。在英语教学中把这些意识、素质与能力充分传授给学生，并引导其内化为自身思想和行为，以此服务于英语语言实践的运用。教师还应在教育实践中积极引导学生明确平等与客观的跨文化交流理念，在培养其对异域文化宽容及欣赏态度的同时，使其对本民族文化更加热爱，使学生坚定文化自信与民族自豪感。对此，教师必须持续强化自身业务学习，不断提升自我综合素养，深化跨文化意识，真正承担在英语教育中渗透本土文化的历史重任。

（3）选择符合跨文化教育的教材

高校英语教学中的跨文化教育应当有符合学生自身学习情况的英语教材，如果教材内容不合理，难度过高会使学生产生厌倦心理，而难度过低会使学生忽视英语学习，并且教材内容单一也会使学生失去学习兴趣。因此，选择合理的教材开展跨文化教育会产生良好效果。首先，教材中应设立与地域文化相关的内容，学生在学习中会比较地域文化之间的差异，既有利于拓展知识，还能加强跨文化交流。学生在正式学习跨文化知识中，能明确相关文化差异，对其他地域文化有了基础的了解，从而能更顺利开展跨文化交流。其次，教材内容应具备场景真实性，真实的交流场景可以提升学生的认识，激发学生交流欲望，使学生有更多交流话题。最后，在教材内容中应突出体现地域文化差异，为学生产生沟通话题，学生有了对地域文化区别的了解，不仅提升了对外界文化的正确认识，还能更好地将本土特色文化进行宣传，让更多的外国人了解中国历史，了解中国传统文化，加强彼此的交流深度，并产生良好的学习情绪，对学生的交流能力和英语学习能力有很大提高。

（4）创新跨文化教学方法

为了提升高校英语跨文化教学的效果，教师应当创新教学方法，多元化开展教学。首先，教师可以采取分组教学法的形式，让学生组合起来，以小组的形式进行交流，活跃英语课堂氛围。通过小组之间的合作交流，改善以往课堂的枯燥与沉闷的气氛，学生开始积极交流，增强了教学趣味性，提升了教学整体效果，迈出了跨文化教学的第一步。其次，教师应营造良好的教学情境，以提升学生的学习动力。教师可以通过多媒体教学工具，利用网络优势，下载相关英语交流资源，使英语教学与时俱进。最后，教师可以让学生在交流时加入肢体动作，增强表述的生动性，使学生之间更好地理解对方的意思，并提升交流时的趣味性，学生在手势与语言同时进行过程中，会对英语内容印象更加深刻，改善学习效果，提升了其学习兴趣。

（5）完善课程设置

众所周知，课程与教材是英语教育的基础条件。在课程设置层面，教师要注重跨文化意识的培养，让学生在弘扬本土文化的同时，以平等态度看待与欣赏多元文化。教师应帮助学生在英语学习活动中，树立正确价值观、世界观与人生观。同时，通过关注环境、关注自我及关注自然来提升其文化素质，培养学生健康乐观的审美情趣与陶冶崇高的道德情操。重新研究与审视高校英语教育基本目标、教育要求及教育内容，探索学生学习目的及跨文化意识培养需求，设计科学合理的人才培育计划，转变以往过于注重英美文化教学的课程设置模式，适当增加本土文化课程教育的比例。具体来说，可以在低年级阶段增设部分有利于加强学生群体母语文化素质的课程，并适当增加部分中西文化对比的课程，以此作为英语教育考试科目。而在高年级阶段则可增设部分英语选修课程，讲解本土传统文化，包括中国饮食文化、中国传统习俗，以及中国名胜古迹等内容。已经结束英语知识学习的学生，仍然可选修其感兴趣与喜爱的课程继续学习。这一课程设置模式可以让学生在英语教育中，同时学习本土文化与英美文化，使学生在高度认同本土文化的同时，以客观态度对待英美文化，促进跨文化意识的成长。

（6）精编教材内容

在过去英语教材体系当中，对于本土文化鲜少涉及，此种以英语国家文化为核心而忽略本土文化的教材内容编制方法，是本土文化失语问题的根本因素。学生群体在传统英语学习阅读当中，鲜少接触本土文化内容的英语语言表达，所以英语教师必须重新审视当前英语教育的培养目标，更新英语教材文本内容，适当增加本土文化占比，让学生用语言进行本土文化的表达，使学生表达水平及英语能力的提升与其对英美文化知识的了解呈现出同步增长的趋势。唯有如此，才能让学生群体在应用英语语言实施跨文化交流时具备较强的文化主体性与崇高的文化操守。2020年，教育部印发的《高等学校课程思政建设指导纲要》，全面推进了学校课程思政建设。高等教育立德树人的育人目标有了指导和遵循，高校英语教育也正在融入家国情怀、文化素养、道德修养等方面内容，一批精心编撰、配套课程思政电子教案的教材正逐步投入使用。

（三）多元文化教育

1. 多元文化内涵及特征

（1）多元文化内涵

在经济全球化的背景下，多元文化已经成为世界文化发展的主流趋势，各国的文化交融速度也在不断加快，这在学术界引起了广泛的探讨。众多学者一致认为多元文化是一个相对复杂的问题，多元文化主体表示世界范围内文化是多元的。美国教育学家认为，多元文化是由不同肤色、不同语言、不同信仰和不同文化组成的国家，将多元文化实现各种融合创新，从而实现全球文化的共同发展。目前，中西方文化研究在世界文化领域受到广泛的关注，给促进中西方文化的融合提供了机会。

（2）多元文化特点

目前，多元文化在世界发展中日趋稳定，但由于文化本身特点，中西方文化依然存在很多差异，存在差异的具体原因表现为以下三点。首先，多元文化的历史性。从世界文化历史发展的长河中，人们不难发现任何文化的发展和传承都与它所存在的环境和人们的价值体系、思想认知有着必然的联系。因此，世界文化的发展，也是随着时代发展在不断地改变，多元文化是目前世界发展所呈现出来的相对平衡状态。其次，多元文化的平等性。多元文化主义始终奉行自由和尊重，尊重传统文化，包容各种文化之间的差异，始终坚持文化平等的理念。多元文化相互交织，让人们体会到了各种文化不一样的精彩，让人们从不同的文化中吸取更多有用的知识。最后，多元文化的通融性。在全球化背景下，人们在不断发展自身文化的前提下，也在吸取其他国家文化的精髓，加强自身文化的兼容性，从而更好地实现不同文化的共同发展。在多元文化共同发展的情况下，加强民族文化的交流对于我国经济的发展和社会的进步显得更加重要。英语是人们与世界交流的重要工具，因此高校英语教师承担着为我国培养具有跨文化沟通能力的新时代人才的重任。

2. 多元文化背景下高校英语教学改革的原则及内容

（1）原则

高校英语教学的改革需要遵从一定的原则，并以此原则为导向，达到英语多元文化的教学目标。高校英语教学包含文化知识的掌握、文化意识及文化能力的培养与教育，以达到提升大学生英语语言输出能力。

一是认知原则。在高校英语多元文化教学实践中，遵从认知原则。认知原则要求教师设计英语多元文化教学活动，促进大学生融入其中，使其理解、认知英语文化及社会性知识内容，并通过一定的观察、实践，全面地掌握英语课程信息。在多元文化背景下，大学英语教学践行认知原则，需要融入文化价值的认知、目标文化的分析、理解人们日常生活习性、掌握文化归属感的国家礼节，进而达到提高大学生文化知识水平的目的。

二是比较原则。高校英语教学的实践不仅要关注西方文化信息的渗透，也应关注多元文化信息的融入，形成英语多元文化教学模式。而在英语多元文化教学实践中，教师应遵从比较原则，通过文化的比较，促进大学生深入理解文化，重视文化信息，并在进一步探究中知晓文化的差异性，实现英语的良好学习模式。通过文化之间的比较，大学生学会了尊重文化、认知文化、欣赏文化，在平等的视域下，提升大学生英语语言输出能力。

三是同化原则。中西方文化存在差异性，大学生需要进行文化的学习和借鉴。高校英语教学的改革既要传递文化信息，也要引领大学生辨别文化信息。不同国家的文化不同，人们生活和社会发展也呈现不同的模式。因此，文化的渗透应遵从同化原则，立足于大学生发展需要，教师应将合适的文化信息传递给大学生，做到取其精华，去其糟粕，实现文化的借鉴，使大学生汲取更多有意义的文化信息，助力大学生更好地运用英语语言信息。

（2）内容

高校英语课程教学的改革内容需多元化渗透。教师需要根据高校英语课本，在教学设计中将具有针对性的文化信息渗透给大学生，以文化辅助效能，助力大学生学习英语知识，提升大学英语教学水平。

首先，重视背景文化的渗透。在多元文化背景下，高校英语背景文化的渗透是必要的，通过结合背景文化的信息，使大学生更好地认知书本英语知识信息。通常情况下，在高校英语多元文化教学实践中，可以渗透以下背景文化信息：地理常识信息，如国家天气的特点和国家的地理位置等；政治经济，如国家的政治制度、法律制度、社会制度等；历史背景信息，如国家的历史文化信息和历史较大的事件等；文学艺术信息，一些著名文学作品等。

其次，重视词汇文化的渗透。在高校英语教学中，词汇教学是主要内容。而在词汇中渗透词汇的文化信息，有助于大学生深入认知词汇深意，便于大学生更好地运用词汇信息，提升大学生英语语言的运用能力。例如：在讲解Christmas、Halloween等相关的词汇时，教师可以渗透中西方文化的差异，如西方以圣诞节为重大节日，而我国以春节为重大节日等词汇，引出其背后的文化信息，不断增强大学生英语学习能力，也便于培养大学生跨文化能力。

最后，重视社交文化的渗透。多元文化背景下，培养大学生跨文化能力成为高校英语教学的主要目标。教师需要为大学生打造社交场景，在教学实践中，融入相关的社交文化，能够使大学生更加了解文化，为其今后英语良好的输出奠定基础，同时避免大学生语言输出存在错误的问题。在社交场景中，教师可以融入邀请、同意、劝说、称赞、服饰、礼仪、介绍等社交文化信息，让大学生能合理地运用英语进行文化交流，培养其英语核心素养。

3. 多元文化视角下高校英语教育教学存在的问题

（1）缺乏文化教育观念

目前，很多高校英语教师受传统教育理念的影响，在进行英语教学的过程中只是对学生进行英语语法、句式、词语的教学，对西方文化讲解较少，即使在讲课过程中涉及了西方文化，也只是进行简单讲解，这样很难引起学生的兴趣和思考，更不能让学生通过对比中西方文化差异，引发更深层次的思考。教师在教学过程中不重视引导学生理性分析英语文化的内涵，导致很多学生只是片面了解，不能很好地去伪存真，对西方文化产生抵触情绪或者盲目崇拜。因此，高校教师要树立正确的文化教育观念，对学生进行正确的文化教学，提升学生的英语核心素养，使学生正确对待英语学习，树立正确的多元文化观念。

（2）缺乏完善的教学体系

目前，很多高校英语教师在进行教学的过程中没有明确的教学目标，不考虑学生的实际情况，只是按照书本进行按部就班的教学，没有树立良好的文化教学意识，不能帮助学生充分了解中西方文化的差异。另外，教师的教学方式比较单一，不能很好地利用各种资源对课堂教学进行丰富，学生缺乏学习的热情与积极性。课程体系不完善，不重视学生文化课程的建设，学生不能很好地运用英语进行有效的跨文化沟通。

（3）缺乏科学的文化评价机制

科学的评价机制是提升教学水平的有效措施，但是目前很多高校仍采用传统的评价机制，以考试成绩为考核的主要标准，不能很好地对学生的学习过程进行监督和指导。很多英语教师在教学过程中忽视了对学生文化辨别水平的培养，导致学生缺乏文化自觉性，不能够深入探究各种文化内涵，对于各种文化不能进行客观评价，容易造成盲目崇拜现象或者抵触心理，不利于学生形成正确的文化观。

（4）缺乏传统文化的渗透

第一，教师缺乏传统文化的渗透意识。

开设大学英语课程的主要目的是培养大学生的双语言交流技能，使其能通过跨文化交流了解世界各地的优秀文化和思想，并有效弘扬中国故事，让世界更系统地认识中国。当前，部分教师缺乏渗透民族文化的意识，在教学中依旧侧重于讲解西方文化和英语知识，并错误引导学生在西方文化的基础上实现文化交流。这种单向性跨文化交流的教学模式，导致中华优秀传统文化在课堂的缺失，既无法促进二者的有效融合，又降低了学生的全面进步，更不利于祖国的发展。这就要求教师增强渗透意识，积极改变思想观念和教学方法，在教学中融入中华优秀传统文化，实现中西文化的有效互动。

第二，学生缺乏中华传统文化实践学习机会。

实现跨文化交流的主要任务就是将中华优秀传统文化渗透到英语教学中。审视课堂，当前的英语教学未能将我国传统文化进行有效融入，虽然学生学习了英语但难以准确地将中西方文化进行语言转换，更不能运用流利的英语宣传我国传统文化。其中，最主要的原因就在于大学英语教育缺乏传统文化加持，而且欠缺创造性与实践性相结合的学习方式。在现代英语教育的课堂中，部分学生没有参与英语实践的机会，难以开展跨文化的交谈，在日常的交流中学生不能有效地对传统文化进行推广和传递，缺少实践的机会。所以学生有机会与国际友人交谈时，难以运用所学的英语知识进行有效沟通，并无法用英语精准宣传我国民族文化，更难以弘扬中华民族源远流长、博大精深的中华优秀传统文化。

第三，教师对中华传统文化知识的认知不足。

教师是培育人才的先行者和领导者。将中华优秀传统文化渗透到大学英语教学中，要求教师具备充分掌握扎实的文化知识的基本功。拥有几十年历史中华优秀传统文化具有深厚的文化底蕴，是民族精神的生命源泉。纵览当前的英语课堂，英语教师对传统文化知识的掌握情况不容乐观，部分英语教师对自己积累的民族文化知道得不全面，理解得不透彻，不足以引导学生更好地学习。英语教师对我国民族文化知识的认知能力不足，导致渗透效果不佳。

4. 多元文化视角的高校英语教育教学策略

本文有针对性地分析和探究了以下关于多元文化视角下大学英语教育教学的创新策略和实施途径，仅供参考。

（1）树立正确的文化教育观

在多元文化视角下高校英语教师要树立正确的文化教育观念，提升学生英语核心能力。

首先，语言教学要融入文化。高校英语教师要摒弃传统的教学理念，在充分发挥学生课堂主体作用的同时发挥好教师的指导作用，从而提升学生的学习效率，提高学生学习兴趣和动力。在高校英语教学中，教师要融入多元文化，通过科学的方法组织各种文化语言形式的活动，在潜移默化中提升学生的文化素养，使学生能够通过文化层面的探究，更深刻地理解英语的具体用法。在教学过程中要不断加入文化教学，促进学生形成良好的语言文化意识，在文化理解的基础上更好地进行英语语言的实践与应用。对学生进行多元文化意识的培养可以促进学生对英语语法和句式有更加深入的理解，帮助学生培养良好的语言学习习惯。

其次，丰富文化输出形式。语言作为文化传播的重要载体，丰富的文化知识可以更好地促进语言的学习和文化的传播。在高校英语教学中，教师不能只单纯地进行语言知识的学习，要通过不断的创新，通过各种形式进行文化的传输，推动英语文化教育的发展。高校英语教师应该关注学生英语综合能力的提升，提高学生的英语核心竞争力。引导学生分析英语文化内涵。学生在学习英语的过程中要有求同存异的态度，不能盲目崇拜，也不能对西方文化形成抵触的心理。因此，高校英语教师在教学过程中要帮助学生从多元文化视角分析英语的特征，理性分析英语文化内涵，培养学生良好的文化辨别能力，使学生更加合理地利用英语知识。

最后，提高英语教学观念的重视程度。教师在大学英语教育教学中居于主导地位，其教学观念和教学方法都对大学英语的文化教育效果和质量有着决定性影响。因此，教师要树立正确的大学英语教育观念，引导学生正确认知文化的多元性。第一，在实际教学过程中要将英语的基础知识和国内外文化相结合，把跨文化教育观念和英语的系统性语言文化贯穿于大学英语教学的每一个环节，不仅要注重教材知识的讲解，也要辅以相关文化的补充，从而提高学生的综合文化素养。第二，教师要树立正确的文化教学价值观，从多元文化视角切入，注重本土文化和外来文化的同步输入。例如，在讲解西方就餐礼仪文化时，可以同步对比中国的就餐礼仪文化和注意事项，如座次安排顺序、长辈先入席和食不言等内容，不仅可以帮助学生学习巩固西方文化，还能引导学生加深对本土文化的了解和记忆。值得注意的是，教师在进行外来文化导入教学时，要着重引导学生始终以求同存异的包容心态尊重和对待外来和本土文化之间的差异。这意味着在大学英语实际教学过程中，既要引导学生正确学习和了解西方的先进文化，又要防止学生对其盲目地崇拜和无差别地认同，让学生在多元文化发展的新形势下增强文化的辨别能力和认知能力，从而形成正确的人生观、价值观和世界观。

（2）明确多元文化视角下的大学英语教学目标

大学教育既是功利性教育也是人文性教育，明确多元文化视角下的大学英语教学目标是大学教育最基础的环节。同时，遵循当前素质教育下，积极培养复合型人才的宗旨，在学生学习书本知识的同时，培养其多元文化意识，提高自身的综合素质。学习一门语言最好的方法就是从其文化背景入手，引导学生更加深层次地了解和体会异国文化，进一步提高教学的效率和质量。大学英语教学要在多元文化的视角下积极创新和发展既是大势所趋也是时代要求。

首先，教师要依据多元的大学英语教学目标，加强培养学生的多元文化素养，现在社会的竞争最重要的是人才资源的竞争，无论是经济建设还是社会发展都需要复合型人才。因此，要更加注重学生的综合素质，以培养全面全能型人才。学生在接受英语文化的学习的同时，它要具有一定的全球意识和大局意识，坚持本土文化的独立性，无论面对何种外来文化，都要坚持取其精华、去其糟粕的基本原则；其次，要加强对学生跨国别文化交流的锻炼和培养，如有条件的高校可以积极组织国外留学生和本土学生的交流活动，为学生搭建文化交流的平台，不仅有利于学生更全面地了解外来文化，还能帮助学生提高英语水平和实际运用能力，提高学生的口语表达能力；最后，学校要根据实际情况，结合本校学生的英语水平能力切实制订符合学校特色和发展的英语教学目标，为教学实践指明方向，推动文化教学的顺利开展，全面提高教学质量。

（3）树立英语多元文化教学理念

在多元文化背景下，高校英语教学改革应践行多元文化教学，树立英语多元文化教学理念，以实现高校英语教学改革的有效性模式。首先，高校应大力弘扬多元文化教学，开展英语多元化的交流活动，为大学生多元文化信息的获取提供保障，实现英语语言信息与多元文化的融会贯通，促进英语多元文化教学的实践。其次，教师应该加强对英语多元文化教学的认知，推助多元文化教学融入高校英语教学体系中，从而促进高校传统英语教学理念的革新。教师应立足于高校英语教材，针对其内容融入生态英语背景文化、英语社交文化等信息，以文化为铺垫，促进大学生对英语书本信息的掌握。最后，根据大学生的发展需要，融入多元文化思想，为大学生开展英语多元文化教学活动，培养大学生英语多元文化意识，使大学生重视多元文化的学习，进而培养大学生跨文化沟通能力。

（4）构建英语多元文化教学体系

构建英语多元文化的教学体系是必要的，通过英语多元文化教学体系的实践，不仅能提升大学生英语学习能力，也能培养大学生国际化语言输出能力。在构建英语多元文化教学体系中，首先，要树立以人为本的英语多元文化理念，围绕大学生需求挖掘、渗透文化，使大学生从中获取有效的英语信息和文化信息。其次，要丰富英语多元文化内容，包含多元文化的生活内容、历史内容、文学内容、艺术内容等，拓宽大学生知识面，使其更好地学习英语知识。最后，重视英语多元文化教学方式的变革，实现英语教学方式的多元化，从而激发大学生英语学习兴趣，使大学生更好地践行多元文化，促进大学生良好的发展和就业。教师可以运用多媒体设备生动地展示多元文化信息，便于大学生掌握多元文化信息内容。同时，构建英语多元文化教学体系，教师应提升多元文化教学能力，增强教学把控能力、组织能力、引领能力，为大学生开展英语多元文化活动提供必要的保障。

（5）将中华优秀传统文化融入高校英语教学

1）英语教学中中华优秀传统文化融合意义

①带动中华优秀传统文化的传承。

我国在长期的历史发展中形成了具有鲜明特色的、独一无二的。而当前经济全球化发展趋势愈加明显，英语突破了语言交际的使用限制，兼具文化传播、跨文化沟通的多重功能，以语言为载体进行文化的交流是大趋势。在高校英语教学中引入中华优秀传统文化，可以丰富英语教学内容，使学生在学习语言的同时广泛阅读，积极思考，带动中华优秀传统文化的传承与传播。在学习语言的同时系统地学习，将有利于增强学生文化素养，增加学生文化涵养。

中华优秀传统文化在浩如烟海的世界文化中是一颗闪亮的明珠，对其他国家的文明有着深刻的影响。英语教师在教学工作过程中要有意识地宣扬中华优秀传统文化，让学生能够自觉地推崇我国富有内涵的中华优秀传统文化。现如今，许多大学生受社会不良风气的影响，一味地推崇外国文化，认为我国的传统文化已经跟不上时代的发展，这种消极的价值观严重制约着学生的发展。在英语教学的课堂上加强传统文化的渗透，刷新学生对中华优秀传统文化的认知，让学生从多方面感悟传统文化的魅力，有利于增强学生的民族认同感和民族自豪感，这对学生大局观的养成有着积极意义。

作为一名高校英语教师，要深度贯彻国家的相关政策，根据教育要求和现实需求，合理地在英语教学中渗透中华优秀传统文化，以此提高我国的软实力，增强我国的民族凝聚力。

②提升学生跨文化交流能力。

英语是国际公认的通用语言之一，在英语课堂教学中渗透中华优秀传统文化，通过英语将优秀的中国文化传播到各个国家，可彰显中国悠久的文化实力，促进世界各地的文化交流。随着我国实力的不断增强，中华优秀传统文化逐渐走出国门，被越来越多的国家学习和认可。中华优秀传统文化发展历史悠久，是人们在长期生活中经过不断的实践和发展而来的。新时期，中华优秀传统文化已经成为世界文化中的重要组成部分，通过文化的交流，各国能够实现优势互补，取长补短，促进传统文化的广泛流传。因此，在英语教育中渗透中华优秀传统文化，是迎合时代发展方向的重要表现形式，能够使中华优秀传统文化走向世界，奠定良好的文化交流基础。

另外，英语教学更强调学生交流能力的培养，跨文化交流表达是培养的重点。在英语教学中引入优秀的中华优秀传统文化，侧重跨文化视角下学生语言综合性的训练，弱化英语教学的应试色彩，加强人文关怀，也将带动学生跨文化交流表达能力的培养，改变传统单一化语言训练的窘境。教师可鼓励学生涉猎、了解英美文化知识，同时关注本土文化资源，在了解侧重跨文化视角下学生语言综合性的训练并坚定文化自信心的基础上主动利用英语诠释传统的民俗文化，了解语言表达特色，了解更多的文化知识。学生可以实现在不同语境下语言表达的灵活切换，适应不同的语言应用情境和场景，避免在交流表达中出现片面化、随意化的现象。

③减少学生英语学习抵触感。

以往的大学英语教学多局限于词汇、语法、句型等固化知识的讲解，学生语言学习思维限制较大，缺乏广阔的文化视野。在较小占比的文化知识讲解中，更强调对西方历史及文化知识的讲述，学生对传统文化知识了解较少，不能清楚地发现英语与汉语的用语差异、文化差异等，脱离了文化根基的语言学习导致学生理解吃力；难以实现在不同语境下思维的灵活转化，出现在英语表达中夹杂着汉语表达的情况。在英语交际时缺乏汉语文化知识积累，无论是语言的输入还是输出都不够理想，学生语言学习难度较大，积极性不高，甚至不愿意进行交流表达，无法做到知识活学活用的情况。而引入中华优秀传统文化，不仅丰富了教学内容，还可以吸引学生探讨英语、汉语文化的差异，了解他们各自的特色来指导语言学习。

此外，部分教师在英语教学时比较重视讲解西方的文化知识，造成学生和我国的传统文化产生距离。在学习方式上，学生依旧墨守成规，靠死记硬背记单词和背文章，这样的学习方式难以提高学生的英语应用能力和文化交流能力。在大学英语课堂中渗透中华优秀传统文化，能够让学生在学习英语时体会到中国魅力和中国文化的博大精深，从而乐于学习英语知识并对其产生浓厚的积极性，进而优化课堂效果和课堂氛围。

④有利于促进大学英语和民族文化的有效融合。

在英语课堂渗透民族文化，丰富英语课堂的教学知识和内容，有利于促进大学英语的教学创新，有效完善大学英语的教学模式和制度，营造符合当代大学生的课堂气氛。要想推进大学英语和民族文化的有效融合，可以借助与留学生、外教等的交流实现各国之间的文化互动。我国中华优秀传统文化在大学英语中的有效融合，将为大学英语开创一个新的起点，为大学英语教学提供新的教学方式。

⑤符合经济全球化信息语言交流的需要。

随着经济全球化的深入发展和我国综合国力的提升，我国与其他国家的交流日益增多。作为一个历史悠久的文化大国，我国传承几千年的文化有着独特的魅力，其研究价值也受到了世界各国的广泛关注。英语作为全球范围的通用语言之一，在如今的社会背景下，是高校学生必备的语言技能。在英语教学过程中，加强传统文化的渗透，可以使学生充分继承和发扬我国的传统文化，学生只有深刻掌握中华优秀传统文化的精髓，理解其深刻的内涵，才能够在以后与外国友人交流的过程中，将中华优秀传统文化传统文化积极引入其他国家，从而有效实现我国传统文化的传播和继承，对宣扬我国的国家实力、树立良好的国家形象有着积极意义。

2）大学英语教学与传统文化的有效融合策略

①调整教学思路，优化课程设置。

纵观当前的英语教学现状，存在中国文化教学目标表述不具体的共性问题，这也增加了教学大纲调整、课程优化设置的紧迫性。英语教学应凸显传统文化的地位，灵活地增加一些与文化相关的话题，创设与文化相关的交际场景，让英语教学与传统文化的融合潜移默化，让文化熏陶"无声胜有声"，建立英语教学与中华优秀传统文化教育之间的联系，找到两者融合的突破口。在教学大纲、课程设置中应加大中华优秀传统文化的教育占比，增加一些与中国文化相关的可讨论话题，创设有利于学生跨文化沟通表达的文化场景。例如，可以引导学生进行中西方文化节日的学习，让学生了解中西方文化节日的起源、表现差异及所对应的不同的文化历史，让学生对比西方的万圣节与中国的清明节，对比西方的情人节与中国的七夕节，对比西方的圣诞节与中国的春节。学生通过自主搜寻有关传统节日方面的资料，既完成了英语的训练表达，也增强了对中西方文化异同的了解。

例如，在口语教学中可以就西方常见的语言表达习惯进行讲解，以中华优秀传统文化影响下的交流表达作为对比教学案例，让学生进行中西方文化表达习惯的异同分析，使学生在语言理解的基础上灵活运用不同的语言。

在文化知识与语言教学融合的过程中应始终秉承适度原则，确保所引入的文化与英语教学具有相关性，与高校英语教学实际相契合，在融入传统文化的过程中也应坚持由易到难、由简到繁的原则，确保教学的层级性递增。在融入的过程中应配合有效的课堂互动，以减少融合的生硬感。

②完善教材内容，增加中华优秀传统文化知识。

教材是教师教学和指导学生自主学习的载体，现阶段我国大学英语课程的内容十分丰富，且大量地增加了中国元素，但西方的文化仍占主导地位。为了培养和提升学生的理解能力，教师可适当地在教材中添加一些有关中华优秀传统文化的特色及相关内容，如国画、皮影、乐器、书法、中医、京剧、文房四宝、古代兵器等，让大学生通过对比中西方文化，了解中西方文化的区别，看到中华优秀传统文化的优势。

中华优秀传统文化是中国本土的文化，学生自然而然地会对其产生一种亲切感，学习基础英语和民族文化知识时不再会对其产生距离感，同时能充分体验和感受到中华优秀传统文化独一无二的魅力。学生在英语学习的过程中同时进行着文化的学习，这是一个双向互动的过程，学生在学习时不仅要了解西方文化，还要注重中西方文化的对比，不断增强对我国传统文化的认知。教材编写者在进行素材整合时，要进一步加强中华优秀传统文化的全面渗透，增加关于弘扬和继承中华优秀传统文化的经典著作内容，使学生在积极的语言氛围中学习优秀的中华优秀传统文化，培养大学生的文化传承意识。

③科学选择素材，加强专业融合。

在实际的英语教学中，英语教师应突破现有教材的限制，结合国情、学生英语学习兴趣点及社会变革需要等实际情况开发英语教材，引入中华优秀传统文化的相关素材，让学生明确中华优秀传统文化的英语表达方式，自觉根据语境下的表达需要切换文化思维。在教学材料的选择中英语教师应善于选择优秀的中国特色文化素材，并积极运用到教学课堂上，经过灵活地嫁接和处理为学生的英语课堂带来新鲜感，也增强了学生对中华优秀传统文化探索的好奇心。教师应在学校组织支持下致力于编写中华优秀传统文化的教材作为英语教学的补充材料，不同专业的高校学生对中华传统文化的涉猎学习存在一定差异，可根据学生专业定位推出特色化的中华优秀传统文化英语校本教材。例如，医学专业的学生在英语学习中可多了解中医文化，中文专业的学生在英语学习中可以多关注文学名著，理工专业的学生在英语学习中可以借此了解工匠文化、技术创新成果，等等。

以特色校本教材的编写开发加强学生在英语学习中对中华优秀传统文化的关注，提升学生的综合素质，实现英语学习、传统文化学习、专业学习三者的统一。当前，网络教育资源更为丰富，教师也可以此为契机，让学生阅读与传统文化相关的英语文章，帮助学生开拓文化视野，也可以推送带有传统文化内容的网络文章。网络英语文章获取方便、内容丰富、贴近社会热点、贴近时代，作为英语教材的有效补充，既能让学生了解时事热点、关注传统文化创新成果，也能通过阅读积累词汇量，强化英语语感。

④提升英语教师中华优秀传统文化的素养。

教师是文化渗透的引导者，也是学生实现高效率学习的重要帮助者，因此在进行传统文化渗透时，英语教师需要提升传播中华优秀传统文化的相关素养，增强对传统文化的认识和了解，从而保证后续教学活动的顺利实施。教师需要在课堂开始之前认真地分析教材中所蕴含的传统文化知识，通过网络技术搜索与之对应的学习资源，逐渐加深对文化的印象，从而为后续教学活动的顺利实施提供重要的基础。另外，相关学校也可以开展更加全面的培训工作，使教师能够认识到中西方文化的差异及我国文化的主体地位，避免在英语教学课堂中出现偏差。中华优秀传统文化凝聚着我国的悠久历史，因此教师在提升文化素养时，需要适当地渗透历史知识，根据传统文化的内容不断地更新现有的教育方案，在自我能力提升期间具备一定的文化转换能力，从而帮助学生提升对传统文化的了解。

⑤强化学生的文化意识，帮助学生树立正确的文化观。

我国有上千年悠久历史，在时代的长河中留存下了浩瀚的中华文明。在如今经济全球化的背景下，我国的历史文明与世界文化发生了碰撞，学生在日常接受教育的同时，还通过便捷的互联网接收到了更多新奇的外界事物，在良莠不齐的文化中，大量的网络舆情信息容易使学生迷失学习的方向。因此，在这一时期，教师在教学中要加强传统文化在学科中的渗透，帮助学生树立正确的文化观，从根本上提升学生的民族自豪感和自信心，使学生能够以更加自信的心态投入英语的学习中。在大学英语教学的过程中，教师要有意识地去引导学生加强对我国传统文化的重视，并流利地用英语去宣扬我国的优秀文化。

⑥创新教学方法，增强文化学习体验。

为了增强传统文化的传播效果，教师需要先对传统文化有清晰的认知，并且还需要考虑英语教学的要求及标准，兼顾学生英语学习的需求，在合适的环节融入传统文化。教师可以结合传统文化的内涵，为学生开展不同的主题式英语学习模块，丰富课堂教学的资源，并增强与学生之间的互动和交流，使学生了解中华优秀传统文化，熟练地掌握英语知识的运用方法，在实践中传播传统文化。

英语教学改革更为深入，教学方式更为新颖和多元。同样，英语教师也应善于灵活运用多种教学方式，在英语课堂上带给学生不一样的学习体验，让学生产生对传统文化关注的自觉性。教师可以使用直接讲解法，该教学方法使用方便、应用场景多元、文化教育导向更明显。例如：在讲解音乐家贝多芬时可以引入我国钢琴家的相关介绍；在讲解篮球天才科比时可以介绍中国的篮球运动员姚明，以文化为教学的突破口让学生深入浅出地学习语言。引导法，主要用于英语与汉语的对比学习，在增强学生对两种文化的理解鉴赏能力基础上让学生树立跨文化思维。将语言学习置身于特定的文化主题下，既能锻炼学生的交际能力，也能引发学生对传统文化的关注热情，增强了学生对文化的理解与认同，语言学习也变得更加高效。组织探讨法，类似于小组学习法。教师提前布置相关的学习任务，学生以组为单位进行相关话题的预习，继而开展课堂话题探讨，活跃课堂氛围，激发英语学习兴趣，学生在共同的探讨学习中进行思维、观点的碰撞，增强文化知识储备。任务驱动法，教师可提前布置与传统文化相关话题的探讨作业，让学生自主收集材料，自主整合分析，在课堂上结合自己准备的材料和自我认知进行探讨和组内交流，完成学习任务、训练任务。在这过程中学生作为主体，学习主动性提高，提升了学生自主学习能力，弱化了教师的课堂主导地位，使学生语言学习视野更广阔，收集传统文化资料学习的积极性更高。

学生个体能动性的发挥可以使学生开始自觉关注传统文化，引导学生养成课下学习传统文化的好习惯，在与同伴的交流中进行思想的碰撞时，引发学生对传统文化的深入思考，结合英语课堂上的交际表达，学生可以互相指导，相互借鉴，真正在英语学习中做到举一反三。教师也可以鼓励学生用文化情境对话、文化情景剧演绎等方式去学习英语，增强英语教学的趣味性，使学生在学习英语过程中不再抵触传统文化。教师在传统文化的英语课堂融入中应善于创设趣味的学习情境，借助方法的创新激发学生的学习兴趣。

⑦通过中西方文化的对比，实现我国传统文化的渗透。

英语是目前世界上公认的通用语言之一，在英语课堂中渗透我国传统文化，可以使我国的传统文化得到更广泛的传播，有利于彰显我国的文化实力。因此，在英语教学中渗透传统文化是势在必行的一项重要举措，需要广大英语教师引起重视。在英语教学的过程中加入中西文化的对比，不仅可以在无形中渗透我国的传统文化，还能加深学生对英语学习的深度理解，在比较的过程中全面、深入地掌握知识。

⑧增加实践教学占比，营造文化氛围。

英语教学与传统文化的融合也可营造学习中华优秀传统文化的良好氛围。英语教师可有意识地保持对流行文化的敏感性，让传统文化的教育与流行文化、流行趋势结合起来，激发学生对中华优秀传统文化的关注热情。除了在课堂理论教学中融入优秀传统文化，也可通过组织丰富多彩的英语教学活动来增强学生对中华优秀传统文化的认同感，让英语教学与传统文化的融合更加到位。充分利用第二课堂、网络阵地开展文化实践活动，用丰富的内容、多样的形式让学生产生学习中华优秀传统文化的自觉性，并自觉地将英语交际训练与传统文化学习相结合，做到中西方文化学习与语言训练并重，在有条件的情况下加强学生与外国留学生的交流对话。借助文化话题探讨、演讲比赛、诗歌朗诵、话剧演艺等教学实践活动，将中华优秀传统文化融入英语教学中，增强学生对本国文化的理解，更好地交流表达，理解他国文化习俗，减少交流中的尴尬。也可以让学生欣赏英文电影、英文歌曲等，在艺术欣赏中了解中西方文化的差异，在理解差异的基础上提升语言驾驭能力。

另外，为了在大学英语教学中实现中西文化的融合，学校必须创造并为学生提供跨文化交流的机会，以便在实践中检验学生对传统文化的理解和掌握。高校应为学生的有效实践创造机会，如考虑将外资企业、国际旅行社等作为英语实践阵营，让学生在这些事业性的单位或者公司部门进行英语实习，以锻炼他们的英语表现能力和对外宣传中华优秀传统文化的能力。将传统文化深度融入高校的英语课堂教学中，不仅响应了国家的要求和号召，也是弘扬中华优秀传统文化重要思想的一种有效方式，是推动大学生综合素质全面提升的一种有效手段。教材内容虽然是固定的，但是文化的渗透是灵活的。在班级教学的过程中，教师要根据教材中的知识，为学生不断地扩展传统文化方面的知识，通过课内外资源的整合，增强学生对传统文化的认识及了解，从而保证课堂教学效率的提高。例如，在开展口语表达教学时，教师可以用口语表达的方式分别陈述中西方文化，帮助学生了解中西方文化的差异性，更好地进行知识学习，提升课堂效率。

当前，新媒体教学技术成果不断涌现，增加了学生英语学习的便利性，也为学生获取传统文化资源，进行跨文化沟通表达提供了支持。学生可以利用网络，涉猎更多与英语学习相关的传统文化知识，在趣味的英语学习 App 平台和其他网络学习平台中检索自己感兴趣的文化素材，通过观看视频、模拟练习等方式感悟传统文化的魅力，并强化语感训练。学生也可以借助社交平台，积极和国际友人、英语学习爱好者、英语教师等交流对话，进行交际表达训练，认真地讲好"中国故事"，不仅可以增强对英语文化的理解，还可就一些习俗上的差异、理解中产生的误区进行沟通，以交际为载体、文化为支持强化语言的学习。在日常的锻炼中积累词汇，了解语言背后的文化，学会在不同场景下进行灵活表达，使学生的英语学习真正实现从静态到动态的转变，做到了活学活用，避免文化失语的尴尬。对于大学英语教学来说，中华优秀传统文化的融入具有必要性、可行性、紧迫性。当前，英语教学仍旧对英语文化关注较多，对传统文化关注较少，这也一度成为大学英语教学改革的探讨热点。将传统文化融入英语课堂，提升学生传统文化英语学习的实践占比，可以进一步提升学生文化自信心，增强学生民族文化自豪感，能更好地处理知识学习与文化学习、英语文化与汉语文化的关系，在二者的融合中树立英语学习的文化整体观。传统文化的英语课堂融入需要英语教师努力提升自身知识素养，具备良好的语言功底且具有传统文化教学的自觉性，积极尝试多元化的教学方法，引导学生关注传统文化，使学生真正成长为具有国际文化视野和强烈民族文化自信心的优秀的文化交流使者。

⑨引导学生积极进行课外知识拓展。

语言类学科的学习离不开大量的阅读。学生可通过多样的积累来提高自身的语言素养，阅读有助于提高学生当前的英语学习效果。在班级教学的过程中，针对教材内容单一的问题，教师可以积极为学生拓展课外知识，鼓励学生阅读相关的教学资料，以实现对教材内容的补充。教师还可以有选择地为学生推荐涉及我国传统文化和爱国知识的杂志等，加强我国传统文化与英语教学的结合，使学生能够在英语的学习中加强对我国传统文化的认知，树立民族自豪感和自信心。

⑩营造中华优秀传统文化的学习氛围。

良好的学习氛围可以帮助学生积极参与学习，调动其学习意愿，并提高学习效果。教师在班级教学的过程中需要关注学生最为感兴趣的文化内容，并且适当地渗透中华优秀传统文化，以此作为主要的切入点，和学生共同探讨文化背后所蕴含的精髓和现实价值，让学生利用英语来完成传统文化的相关演讲。学生需要根据文化内涵准备语言资料，这样既可以增强对传统文化的认识及了解，还有助于学生掌握英语表达的相关技巧，在潜移默化中实现传统文化的传播。

⑪. 在英语课堂教学中重视传统文化的学习。

我国高校对大学生进行英语教育的目标在于提高学生的英语应用能力和综合文化水平。大学英语属于学生的必修课程，也是文化交流和传播的重要载体。因此，教师要自觉地承担起英语在宣传文化方面的职责，不仅要让学生了解西方文化，还需要对比我国传统文化，让学生加强对两者相似点和不同点的深入分析，以此提高对我国文化的认同感。教师要根据教学大纲的要求，进一步细化课堂教学环节，清楚地理顺中华优秀传统文化的知识结构和课本之间的关系，优化当前的教育方式，将人文思想和风俗习惯融入英语的教学环境中，增设有关传统文化的教学模块，进一步推动传统文化的良好传承，以此有效提高课堂教学的效果。

（6）建立科学的文化评价机制

目前，大部分高校的学生教育评价体系仍然沿用传统的标准，即以学生考试成绩的排名来衡量其学习能力，忽略了综合素质的全面发展，这种评价方式已经无法满足现代素质教育的需要和宗旨。因此，高校亟须创新多元化的大学英语教育教学评价体系，将形成性评价和终结性评价有机结合，从而对大学英语教学进行科学全面的综合评价。形成性评价是指教师以教学目标为标准，针对学生整个日常学习过程中的表现及学习态度和最后取得的成绩进行综合考评。其中包含学生的自我评估、学生之间的相互评估及教师和学校的评估等多方面评价，对学生的学习和生活状况进行全面了解，有利于针对每个学生及时发现问题和解决问题。终结性评价是指阶段性的评价总结，主要以期中、期末的考试成绩来衡量，从而了解学生阶段性的学习掌握情况，包括对其听、说、读、写和运用的综合能力考核。在创新多元化英语教学评价体系的过程中，除了转变当前的评价形式，还要根据实际情况和学校的教学特色适当调整评价内容和评价标准。比如，可以在考核内容中适当融入中西文化知识的考评，让学生更加重视多元文化的理解和学习，同时有利于多元文化视角下大学英语教育教学的展开。科学的评价机制，是学生更好地学习和应用英语的前提。

首先，评价机制应注重培养学生的文化包容意识。英语语言学习和文化知识学习是有机结合的，教师在教学过程中要培养学生文化包容的意识，为学生输入文化平等的意识，要增强文化辨别的能力，使学生能够吸收西方文化的精华。为学生构建多元化的交流平台，深入探究各种文化的差异，深入了解其他文化特色，尊重包容外来文化，教师可将学生的日常讨论作为课程评价的一项内容。其次，评价机制应加强学生的文化自觉性。加强学生的文化自觉性可以重新构建学生的语言体系，使学生深入了解文化现象所包含的深刻内涵，认识每种文化所具备的独特性。在传承民族文化的基础上，培养文化内涵的分析能力，提升对文化的评价能力。在教学过程中，教师要定期安排中西文化对比相关的课外活动，将此类活动的表现作为过程性评价的重要部分。最后，建立科学合理的多元评价机制。正确的评价机制，可以很好地提高英语教学质量与效率。

目前，高校普遍采用传统的评价方式，不能对过程进行有效的评估，缺乏科学性和持续性，高校要建立科学有效的评价方式，对整个学习的过程进行评价，使其具备良好的监督效果。科学合理的评价机制不仅可以充分掌握学生的动态化学习过程，还可以更好地发现学生学习过程中的问题，从而有针对性地采取有效措施进行解决。科学合理的评价机制，不仅仅局限于教师对学生的评价，还包括学生之间相互评价、学生的自我评价、教师和学生之间的相互评价，多元化的评价角度可以促使学生养成良好的学习习惯。在评价制度中要不断融入文化要素，在多元文化视角下对学生英语学习进行科学合理的评价。总之，教师在教学过程中，必须结合实际情况采用适合的评价方式，从而提升英语教学水平，培养出更多高素质的英语人才。

（7）贯彻多元化教学策略

多元化视角下的大学英语教学，即将英语基础教材知识教学和文化教学相结合，其关键手段就是不断创新多元化教学策略，丰富教学内容和渠道。传统的"灌输式""填鸭式"教学方法不仅枯燥乏味，而且无法满足当代人才培养需求。因此，高校要更加注重多元化教学方法的创新，丰富的教学内容和多种教学渠道不仅有利于激发学生对学习英语和了解文化的兴趣，还能有效提高教学质量和水平。高校英语教师要采用多元化教学，提升高校英语教学效率。

首先，明确英语教学目标。明确的英语教学目标是科学构建教学策略、制定教学模式的前提和首要环节。教学目标必须与学生的英语基础、学习特性相匹配，英语教育目标不仅仅是要提升学生的语言水平，还要有拓展性，可以提升学生的文化素养，培养学生跨文化交流的能力。树立明确的英语文化教学目标，可以在增加学生语言知识的同时优化英语教学模式。高校英语教师要不断提升自身文化教育意识，只有这样才能在教学中给学生渗透更多文化教育，利用多元文化教育途径帮助学生对西方文化有更深刻的了解，培养学生文化洞察和感悟的能力，提升学生的英语核心素养。

其次，丰富教学资源。教学是一项多方参与的活动，合理调整各参与者之间的互动方式，可以很好地促进英语教学多元化。在互联网迅猛发展的今天，教师可以充分利用信息技术和网络资源，为英语教学提供丰富的信息资源，从而扩展教学渠道，引领学生适应多元文化熏陶，提高文化素养。

所谓的大学英语教学资源其实就是指以教师、学生、教材及其他多种器材所共同构成的，作为在整个英语教学中必须参与的主体，改善整理教学参与者的沟通交流形式来展开工作，进而形成能够影响英语教学资源的多种形式。从客观的教学依据上来说，教学资源对教学而言是有着积极作用的，英语教学资源是开展大学英语教育活动的基础内容，是教学活动开展的必要前提。而教学资源的发展则是对整个英语教育及文化的传承。从结构上来看，英语教学资源的结构是固定不变的，但若是大学英语教师能够真正活用这些资源，则能够进一步提升整个英语教育教学的质量，帮助大学生更好地学习英语。通过对英语教育资源的不断完善，对其结构进行不断的调整，能够创造出更多形式的发挥积极作用的教学资源。

高校英语教师要充分发掘文化传播、教学等资源，通过改进创新英语教学途径,推动高校英语长远稳定发展。例如,通过经典电影、纪录片及杂志等相关资料丰富教学课堂,提升学生学习兴趣的同时,加深学生对西方文化风俗的了解。教师还可以充分利用多媒体,结合英语语言和文化知识制作多媒体课件,将枯燥、抽象的知识转化为学生更感兴趣的视频形式,提升教学趣味性的同时,激发学生学习的热情。通过多角度、多形式对英语文化教学资源进行丰富,让学生在潜移默化中接受文化的熏陶,增强学生英语综合素养。最后,优化英语课程。高校要培养符合社会需求的英语复合型人才,就必须加强对文化课的重视,做到及时优化文化教学资源,重视英语课程文化特性与语言特性的传承性。目前,很多高校已经开设"英美小说""英美文学"等选修课程,加强英语知识体系的建设,但是在英语文化层面的建设还存在不足。因此,高校需强化英语文化课建设,更好地对接大学英语课程,实现高校英语教学体系的优化。

最后,制订教学计划。教师在课前要制订详细的教学计划,做好充足的教学准备,并根据具体的教学内容设计丰富的教学情境,借助多种教学工具进行文化导入教学。比如,课前设置五分钟的英语新闻分享环节,或通过播放有代表性的影视作品、英文歌曲来增强学生英语学习的视觉体验,激发学生学习的兴趣和动力。并且在教学过程中要重点处理好"教"与"学"的关系,充分发挥教师的主导作用,确保学生的主体地位,通过对比学习中外文化,引导学生在学习西方文化的同时,更多地认知和了解中国文化,体验多元文化的差异性。

第二节 跨文化沟通能力理论

一、G. M. Chen 和 W. J. Starosta 的综合的跨文化沟通能力模型

Chen 和 Starosta 从动态的发展过程解析跨文化能力的情感、知识、技巧三个基本层面。Chen 开始发展跨文化沟通能力模型,1989 年在《传播季刊》正式发表文章介绍包含四个层面的理论模型。Chen 提出,跨文化沟通能力由个人特性、交际技巧、心理调适和文化意识构成。随后他对该理论进行验证和改进,1996 年与 Starosta 合作推出新的理论模型。该模型综合多元文化人、言语民族志、行为

技巧、跨文化态度和文化认同等研究路径的观点，全面揭示跨文化沟通能力的构成要素。

Chen 和 Starosta 的模型是率先从情感、认知和行为三个基本层面来解析跨文化沟通能力的理论之一。从概念上看，该理论所运用的四个基本概念"跨文化能力、情感过程、认知过程和行为过程"大体沿袭了前人的研究路径，但它的创新之处在于对这四个重要概念做了更为细致和全面的阐述。该理论因较好地整合了从过程与个人特性来研究跨文化能力的视角，全面地揭示其关键的构成要素，在学界引起很大的反响。当然，诚如 Chen 和 Starosta 坦言，他们的理论模型并不完美，需要在跨文化沟通能力的概念、内涵及在特定和一般语境中的不同解读等方面做进一步的探讨。例如，该理论把移情理解为行为层面的因素，值得商榷。Chen 和 Starosta 认为，移情虽然涉及情感、认知与行为，但主要是情感层面的因素。其次，该理论把跨文化沟通能力的三个方面理解为动态的发展过程，但却主要探讨静态的个人特性，对双方的互动过程及能力的发展阶段分析较少，因此仍有改进的空间。

二、M. Byram，以外语教育为中心的跨文化沟通能力模型

特拉姆（Byram，认为，以本土语者（native speaker）为参照发展外语学习者的跨文化能力是不合理的，这种视角把外语学习者看作本土语者的模仿者而非平等的跨文化对话成员。从以上的分析中，我们可以将跨文化能力看作是一种管理、协调能力，其主要体现在外语学习者对于不同文化系统中各个关系的管理与协调。除此之外，我们也可以将跨文化能力视为一种胜任能力，即在不同文化背景下，外语学习者通过建立良好的互动关系，从而成为合格的文化中介人。

Byram 的跨文化沟通模式十分重视语言能力，从宏观角度上来看，该模型是多元素的组合体，如"语言能力""语篇能力"，此外 Byram 跨文化沟通能力模型还包含了"社会语言能力"和"跨文化能力"两个方面，而"跨文化能力"又由不同的要素构成，共计包含五方面：①态度；②知识；③解读和建立关系的技能；④发现与互动的技能；⑤批判的文化意识。在跨文化能力的五个要素中，批判的文化意识居于中心地位。

第一个要素是态度。积极的态度是有效交际的前提条件，指好奇和开放的心

态、悬置对他人的怀疑与判断及移情的能力。积极的态度使交际者愿意寻找或抓住交流的机遇，培养对不同的文化视角和行为的兴趣，试图对自己的文化提出疑问，乐于体验跨文化适应的过程，主动参与跨文化会话与互动。

第二个要素是知识，它与态度一样也是成功交际不可或缺的条件。知识分为两个范畴：其一，有关自我与他人文化的知识；其二，有关人际和社会互动的知识。单单具备静态的文化知识是不够的，除此之外还要获得如何展开互动的一般知识才能实现成功的跨文化沟通。

第三个要素是解读和建立关系的技能，即解读他人的文书和事件，把它们与自己的文书与事件联系起来的能力。这种能力可以辨别族群中心主义视角，解析它的根源；找出误解与失常之处，从双方的立场进行解释，调解不同文化立场之间的冲突。

第四个要素是发现与互动的技能，即获得新的经验，把已有的知识、态度与技能运用于真实的跨文化沟通场景的能力。这种能力的培养可以起到五个方面的作用：①从对方那里得到相关的概念与价值观，形成触类旁通的解释系统；②辨识重要的跨文化参照，理解其意义；③察觉双方文化社交过程之间的异同，商讨适于特定情境的交流方式；④综合运用所具备的知识、态度和技能进行互动；⑤认清双方的关系，借助公共与私人渠道增进接触，协调跨文化交流。

第五个要素为批判的文化意识。所谓批判文化意识主要指的是人在交际过程中，以自身或他人的文化角度出发，对交际过程中的行为及结果进行批判性评价，这种批判耐性能力便是批判的文化意识。在批判的文化意识下，人们不仅可以了解自己的价值观，同时也能够深入了解他人的价值观，进而掌握双方的评价标准。

三、X. S. Xiao 和 G. M. Chen，儒家视角的跨文化能力理论

Xiao 和 Chen 以感应为核心概念的跨文化能力理论建立在四个基本论断之上：①儒家文化视万物一体、彼此有机联系，感应能力是大自然赋予人的一种相互感动与呼应的能力，既有其心理的，又有其生物的范畴；②世间万物相互感应的媒介是"气"，正因为所有生物，包括人、山川、草木、大地与天空都有与生俱来的"气"，它们才能息息相通，相互感应；③所有形式的互动都发生在一个有机的整体世界中，每个组成部分在与其他部分互动时都能感受到整体的发展状况及

其需求，并且做出恰当的回应；④感应是对其他生物的情感与同情一种在道德伦理上恰如其分地感化或回应的行为。

对于儒家而言，外在的能力是践行道德规约的能力，即克己复礼、营造和谐的能力。"礼"是界定人际关系的亲疏、认识事物的异同及明辨是非的标准。在此意义上，践行道德规约的能力也就是践行"礼"的能力。"礼"在社会交际中起着双重作用，既规范社会交际，又创造新的互动形式。它要求交际者"非礼勿听、非礼勿视、非礼勿动"。

Xiao 和 Chen 认为，践行"礼"的能力体现在遵循两类规则上。第一类是约束性规则，第二类是构成性规则。约束性规则是独立于人的行动的规则，如吃饭与喝酒的规则。它们一般是硬性规则，起到管理与调节社会关系的作用。构成性规则是与人的行动联系在一起的规则，如下象棋与踢球的规则。它们往往具有一定的灵活性和自由空间，人们可以选择自认为合适的方式来履行规则，充分发挥自己的能动性与创造性。人们在社会交际中需要培养遵循两类规则的能力才能成为合乎儒家道德规范的君子。约束性规则要求人们注意区分不同的关系、名分、地位与场合，以得体的举止进行交际；构成性规则要求人们敬、诚与报（知恩图报）。在学习与践行"礼"的初级阶段，人们必须遵循约束性规则，但当其道德境界提升，达致"仁"的高度之后，就不再拘泥于外在的规则，转而服膺自己的精神追求，进入"从心所欲而不逾矩"的境界。如图 5-2-1 所示，显示儒家视角下的跨文化能力的构成。

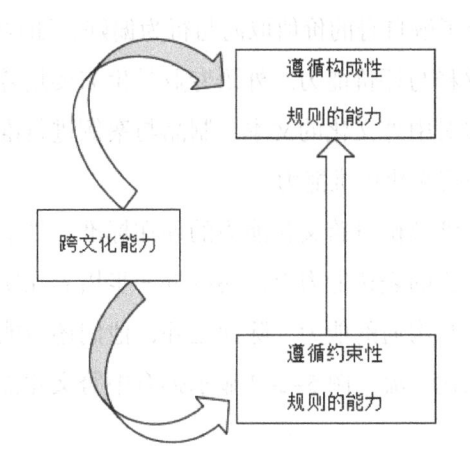

图 5-2-1　儒家视角下的跨文化能力模型

四、孙有中，中国外语教育视角下的跨文化能力模型

语言与文化的密切联系早已成为外语界的一个重要共识。孙有中认为，外语教育在本质上是跨文化教育，不能仅仅关注语言技能的发展，还要重视跨文化能力的培养。从外语专业教育的角度看，跨文化能力包括六个方面的素质：①尊重世界文化多样性，具有跨文化同理心和批判性文化意识；②掌握跨文化研究理论知识与分析方法；③熟悉所学语言的国家的历史与现状，理解中外文化的特点与异同；④能够对不同的文化现象及文本与制品进行阐释和评价；⑤能够得体且有效地进行跨文化沟通；⑥能够帮助不同语言文化背景的人士进行有效的沟通。

第一个方面涉及跨文化态度、情感与意识。首先，在态度上要尊重文化的多样性。目前，世界文化面临着西化和同质化的趋势，一个具有跨文化能力的人应该尊重文化多样性，积极保护人类共同的文化遗产与资源。在情感上，应该具有同理心，即移情能力，能够感同身受地理解不同文化的情感与观念。在意识上，应该具有深刻的反思能力，能够不卑不亢，公正且理性地判断自己与他人的文化。

第二个方面涉及跨文化研究的知识与方法。外语专业的学生不仅需要掌握日常交际所需的知识，还需要掌握基本的跨文化研究知识，能够对各种跨文化现象进行一定的理论分析和初步研究。与此同时，还需要掌握如何界定、培养与评估跨文化能力的基本方法。

第三个方面涉及历史与社会知识。外语专业的学生应该通过全面了解所学语言的国家的历史与社会，认识其价值观念、风俗习惯与行为方式。同时，通过对本土文化的学习，充分了解自身的价值取向与行为偏好，知晓中外文化的异同。

第四个方面涉及解释与评价能力。外语专业学生需要培养灵活运用跨文化理论与知识的能力，能够对中外文化的文本、制品与案例进行准确且深入的阐释和评价，形成较高层次的跨文化思维能力。

第五和第六个方面涉及衡量跨文化能力的外在标准。外语专业的学生不能停留在熟练掌握口头与笔头的表达能力上，还应进一步培养在实际的跨文化场景中得体且有效地进行交际与沟通的能力。除此之外，他们还应能够通过自己的翻译能力帮助他人进行跨文化交流。图5-2-2显示孙有中跨文化能力模型的六个关键要素。

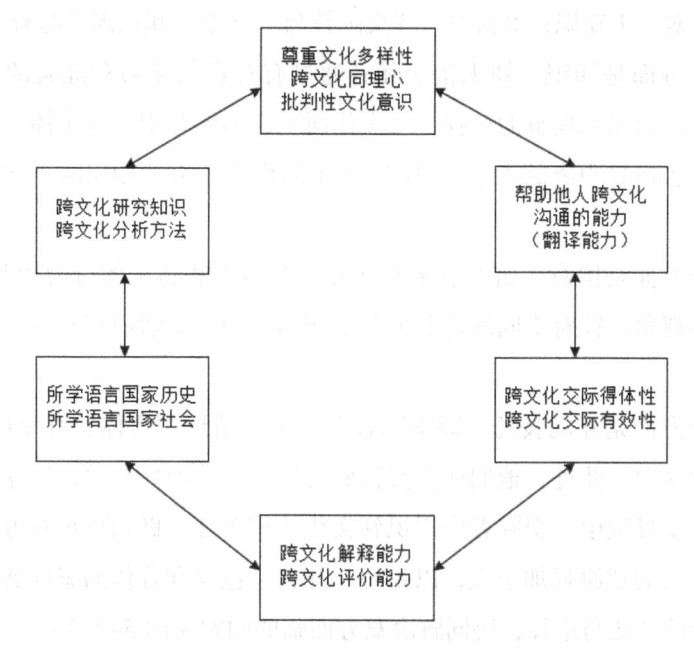

```
        尊重文化多样性
        跨文化同理心
        批判性文化意识

跨文化研究知识           帮助他人跨文化
跨文化分析方法           沟通的能力
                        （翻译能力）

所学语言国家历史         跨文化交际得体性
所学语言国家社会         跨文化交际有效性

        跨文化解释能力
        跨文化评价能力
```

图 5-2-2 中国外语教育视角下的跨文化能力模型

五、Y.Y.Kim，跨文化理论

Kim 认为，陌生人是一个开放的系统，有其内在的自我组织、适应外部变化、恢复平衡的能力。面对新环境带来的压力，作为旅居他乡的陌生人能够通过学习与调整，不断地转变、适应与成长，人与环境有着相互促进的关系。跨文化适应首先是学习的过程，陌生人在学习新知识、养成新习惯的同时，去除一些旧的习惯，逐步转变为能够自由地穿越文化边界的跨文化人。影响交际者跨文化适应能力的因素主要有六个：①个人交际；②社会交际；③族群交际；④环境；⑤个人倾向；⑥跨文化转变。

六、S.Ting-Toomey 等，跨文化冲突中的面子行为能力模型

Ting-Toomey 认为，所有文化的成员都会努力维护自己的面子，在跨文化沟通过程中特别容易发生面子冲突，人们需要通过恰当的面子行为来解决这个棘手的问题。面子是一个人希望得到其他人承认的正面的社会形象与价值。面子行为能力指交际者维护、肯定、给予、索取或挑战自我与他人面子的能力。它包括三

个方面的因素：①知识；②留意；③交际技巧。其中，知识因素起着关键作用。

第一个方面是知识。知识指交际者通过有意识的学习和经验的积累，获得各种信息，达至相互理解的过程。跨文化面子行为的知识涉及个体主义与集体主义价值取向、权势距离的大小、自我/面子的模式，以及相应的不同的面子行为方式。

第二个方面是留意。留意意味着交际者对陌生和新奇的行为持开放的态度，愿意从新的视角，针对不同的情形采取不同的行为，灵活而富有创意地进行面子协商。

第三个方面是互动技巧，即交际者在特定的情形中得体、有效地进行互动，适应对方的能力。此外，他们还需要言而有信，保持前后一致，建立相互信任的关系。在互动过程中，交际者应意识到文化的相对性，做到尊重对方，不武断地表达或将自己的意愿强加于人，以耐心、开放、包容和合作的态度展开对话，不断探索可行的办法与途径，协同解决双方面临的问题（图 5-2-3）。

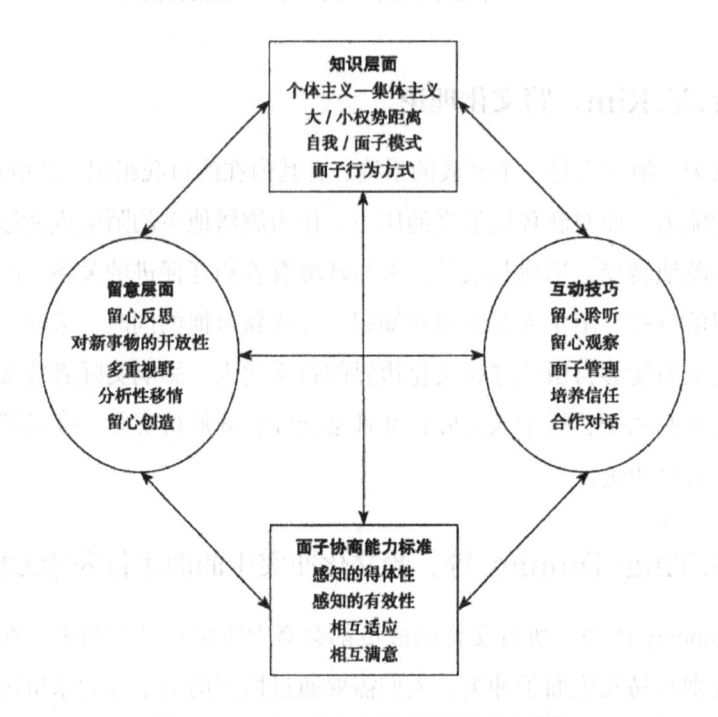

图 5-2-3 跨文化冲突中面子行为能力模型

七、T. K. Nakayama 和 J. N. Martin，跨文化伦理能力理论

Nakayama 和 Martin 认为，传统的跨文化能力研究强调得体性与有效性，认定交际者是平等的、合作的。然而，这种观点忽略了跨文化沟通中双方权力的差异，只有建立健全的交际伦理，才能实现公平且正当的跨文化互动。交际伦理是跨文化能力不容忽略的组成部分，在发展伦理能力的过程中，跨文化沟通者应该遵循两个基本原则：①人道的原则；②对话的原则。

人道原则指作为人应该具备的道德品质及相应的行为举止。做人要有起码的道德水准。在一个多元文化的世界里，人需要培养对他人的责任感，尊重他人的价值观念，乐于了解他人的信仰与生活方式，这样才能与他人和睦相处，有效地进行交际。人道原则的要素包括平等、尊重、善意、真诚、正直和义务等。

培养跨文化伦理能力的第二个原则是对话原则。对话强调人与人相互关系的中心性及他们如何相遇，特别是与他人相遇并发生联系的过程。对话邀请我们向他人学习，关注他们的立场与历史境遇，对此给予积极的回应，并且不断地进行自我调整与改变，努力探索互相增进的途径。交际者不仅要培养专心倾听和主动回应的品格，而且要不回避冲突，随时抓住相互学习的机遇，逐步提高理解事物的能力。

第三节 跨文化沟通能力分析

一、跨文化意识

（一）跨文化意识的定义

跨文化意识指的是跨文化沟通的参与者对文化因素的敏感性认知，这表明跨文化意识与跨文化沟通密不可分。跨文化意识划分为四个层次：第一层是对那些被认为难以理解的表面文化现象的认知；第二层是对与本族语言文化相反，因而被认为不可思议的其他显著性文化的认知；第三层是在理性分析后对其他文化特征的认知；第四层则是参与者具有很好的跨文化意识，能够从他国文化的角度理解和认识他国文化。跨文化意识四个层次的划分是由浅入深的，第四层次是跨文

化意识培养的最高层次，要求参与者能够在跨文化交流时融入他国文化的视角，进行文化"移情"。

我国学者从外语教学的角度出发，将跨文化意识分为四类。①文化平等观，即学生应该在承认本民族文化的同时，对他国文化持客观平等的态度，既不能崇洋媚外，也不能故步自封，而应该树立一种各民族文化一律平等的观点。②理解，即能够从别国文化的角度与视野出发看待和评价别国文化，尤其是与本民族文化有差异的部分，在接触与本民族文化不同甚至是有较大差异的文化时，能够对该文化容忍、尊重与理解。③传播文化，从文化传播功能的角度对此进行阐述，我们在学习借鉴他国文化的同时，也应该向世界传播我国优秀的文化。④融合文化，即在坚守本国文化的基础上，能够与不同文化进行有效的交流沟通，用他国文化丰富和发展本国文化。

根据以上分类，本文把跨文化意识定义为：对不同文化间差异的敏感度及对文化差异的理解能力，并且跨文化意识能够通过学习逐步提高。由于此能力常常与跨文化沟通相联系，因此跨文化意识也指跨文化沟通意识。

（二）高校学生跨文化意识培养的重要性

在多元文化背景下，高校越发重视学校的国际化建设及对学生国际化意识的培养。跨文化意识作为国际交往中不可忽视的一部分，理应受到高校的重视。在关于跨文化意识培养的论述中，前人多针对外语教学过程中的跨文化意识培养进行阐释。从全球化语境出发，结合我国目前非本族语的教学情况，对外语教学中跨文化意识的培养提出建议，旨在使我国能成功应对目前复杂多变的全球化形势。语言和文化关系密切，跨文化沟通能力的培养在每一门语言课的学习与教授中都应该有所体现。

从以上关于跨文化意识的研究中不难看出，学者多把课堂上的外语学习与跨文化意识培养联系起来，倾向于将跨文化沟通意识培养作为提高学生外语学习能力的重要方式。在多元文化背景下，我们在认识到跨文化意识在语言学习中的重要作用的同时，也应该看到跨文化意识的提高对大学生国际视野的培养及多元文化理解能力的提高都具有重要意义，使学生在理解认识本民族文化的同时，提高对他民族文化的理解能力，以更加开放包容的心态对待异文化。因此，高校不仅要重视学生跨文化意识的培养，还应该面向所有学生开设关于跨文化意识培养的通识课，使每一位学生都能够树立积极的跨文化意识，提高自身跨文化沟通能力。

二、跨文化沟通的基本原则

跨文化沟通领域存在着诸多原则，大体来讲包括以下两点。

第一，区别对待原则。它是建立跨文化沟通中广播与窄播相结合的基本原则。正如约瑟夫·奈（Joseph Nye）（美国国际关系理论家）所指出的那样："软实力传播既要广播，又要窄播。"通过对当前大众传播的主要特点进行分析，笔者发现，小众传播正在大众中逐渐流行开来。小众传播是指，受众传播的针对性越来越强，如此就形成一种窄播机制。从另一角度来讲，面向国际传播的中国文化就是一种跨文化沟通，这种跨文化沟通需要考虑交际对象的差异性，在甄别运用交际原则的过程中，设计展开交际原则内容，充分照顾到不同民族、国家及地区所产生的不同文化差异内容，并基于此形成一种文化差异尊重，满足差异化交际流程，如此才能实现对文化信息的有效传递与调整。

第二，雅俗结合原则。它主要是结合文化交际对象建立不同的跨文化沟通层次，这些层次被分为了高雅文化层次、中上层文化层次、中下层文化层次、下层文化层次及准民俗下层文化层次。它实现了跨文化沟通的有效分层，形成了通俗易懂的雅俗共赏跨文化沟通模式，这也是国家对外传播文化的可持续发展策略。

三、跨文化沟通能力的定位

国家交流，语言为要；语言沟通，能力为基。准确定位大学生英语跨文化沟通能力是高校英语教育教学工作开展的基础。传统高校英语课程教学对跨文化沟通能力定位不准，导致课堂教学出现以知识讲授为中心的偏差，制约了大学生跨文化沟通能力的提升。因此，高校必须解决好大学生跨文化沟通能力培养的定位问题，以此作为学习资源合理配置和教学手段科学调整的依据，从而有效提升教学实效。本文认为，大学生英语跨文化沟通能力培养定位应从以下四方面展开。

（一）扎实的理论知识

国内外关于跨文化沟通能力的研究始于 20 世纪 50 年代，截至目前，学界对何谓跨文化沟通能力的概念莫衷一是，但对于跨文化沟通能力体系的组成要素已实现部分认同。其中，扎实的理论知识是跨文化沟通能力不可或缺的内容。许力生认为，跨文化沟通能力是非母语者运用外语知识进行信息传递与交流的能力。[①] 可见，扎实的理论知识是跨文化沟通能力培养的基础。因此，在大学生英语跨文化沟通能力培养过程中，英语教师需要着眼于语言知识和文化知识维度，增强大学生对英语语言知识和不同地域文化的认知、理解与掌握。

（二）良好的文化意识

在跨文化沟通研究中，文化是贯穿其中的一条主线。跨文化沟通说到底就是以文化为基础的语言交往行为。语言是以社会文化为基础的社会符号系统。因此，对于语言输出者而言，其必须具备良好的文化意识，即感知不同文化之间的价值观、社会习俗、人文历史、艺术哲学等方面的差异并运用于语言交流的意识。良好的文化意识不仅仅是对目的语的文化意识，还包括对母语的文化意识。当前，高校英语教学中存在汉语母语文化失语的现象，就是因为忽略了对学生母语文化意识的培养，学生在跨文化沟通中缺乏对母语文化的身份认同。

（三）正确的交际策略

高校提高大学生跨文化沟通能力的目的是什么？高校应如何提高大学生跨文化沟通能力？这是高校外语教育教学必须解决的现实问题。无疑，前者是为了促进国际合作与交流，推动中华文化走向世界；后者则具体指向于教育教学的内容、形式、理念、策略等。其中，正确的交际策略是实现大学生跨文化沟通能力提高的重要基础。有学者指出，大学生跨文化沟通能力提升应着力于思辨、反省、探究、共情和体验等方面的培育，实际上就是教授大学生正确的跨文化沟通策略，使其能有效对语言文化进行理解、判断、评价和整合，进而灵活处理跨文化沟通中存在的各种问题。

（四）过硬的调适能力

在跨文化沟通中，不时会存在文化冲突带来的心理压力。对于大学生而言，

---

① 许力生.跨文化能力构建再认识[J].浙江大学学报（人文社会科学版），2017（3）：132-139.

其必须通过培养过硬的调适能力来缓解心理压力。大学生跨文化沟通调适能力区分为心理调适和文化调适。当学生在语言交际、非语言交际和超语言交际等过程中产生"学到用时方恨少"的心理状态导致能力输出成为阻碍时，良好的心理调适能力能让大学生及时改变现状，减轻因不同文化交际而带来的压力，克服文化差异带来的心理障碍。文化调适主要表现为大学生能顺利解决跨文化沟通时遇到的文化语境感知、文化移情、文化观察、文化磋商等问题，及时导入文化意识以提出可行性解决方案。

第四节　影响跨文化沟通能力的因素

一、语言的局限性

语言是区分不同文化情景中的重要标志之一。不同地区有着独特的文化，也因此造就了语言的差异。在跨文化沟通中，由于语言的差异性，不同语言的主体在沟通时容易在语句上产生误会，进而产生文化冲突。例如，中文中的"农民"一词，其主要意思是从事农业生产的人，而在英语中表达"农民"含义的词汇有"peasant""farmer""boor"，但这些词汇都不能较全面地表达汉语中"农民"的意思，其中"boor"更有冒犯人的意思。有效准确理解对方所要表达的意思，能够提高人际关系，提高沟通效率。

二、价值观差异

中西方价值观念的不同是影响跨文化沟通的内在形式。人们的物质追求和精神追求是在独有的文化氛围和环境中实现的，而价值观是其最基本的部分。儒家的思想在中国社会存在了两千多年，其文化思想已植根于中华民族的意识形态之中，其社会关系更强调人性化和共存化的互助与共处的关系，这明显区别于西方文化所强调的个人潜力、个人目标和个人利益。在跨文化沟通中，如果沟通双方对外界信息的反应是基于不同的假设，当他们的价值观差异过大时，跨文化沟通也就越容易失败。

三、风俗习惯因素

风俗习惯是影响跨文化沟通的具体表现形式。风俗习惯作为特定文化区域的人们遵循的行为准则，经历了几百年的流传，也深深地影响着当地的居民。想要在跨文化沟通中取得良好的成果，就必须了解、敬畏、遵循当地的习俗。例如，在澳大利亚，当地居民认为兔子是一种不吉祥的动物，会带来霉运。此外，澳大利亚的土著有原始崇拜的习俗，他们会将一些动植物作为自己部落的图腾，如果人们食用或伤害了他们所崇拜的图腾，他们就会觉得被冒犯了。

第五节　小结

语言是人际交流的一种工具，不同的语言产生于不同的文化土壤，对任何语言的熟练使用都脱离不开对其背后文化的深入了解。在大学英语教学中，对学生进行跨文化能力培养是时代提出的必然要求，这有助于学生英语素养和全面综合能力的提升，帮助学生在掌握本国文化精髓的基础上，了解和熟悉国外语言使用的文化习惯和背景，符合当下时代潮流的需求，能够帮助学生对英语的使用更加纯熟，在与外国友人交流中更加游刃有余。

第六章 英汉思维文化差异与跨文化沟通

语言与文化密不可分，作为文化的一部分，语言是文化的载体和容器。而思维是通过语言进行交流的，语言反映思维并且受思维的影响和约束。语言、思维与文化三者之间相互作用、相互影响、相互制约。语言与思维存在于文化之中，思维与文化存在于语言之中，语言与文化存在于思维之中。本章主要讲述了英汉思维文化差异与跨文化沟通，包括思维差异对跨文化沟通能力的影响、跨文化沟通中言语交际能力与思维模式、英汉语语用文化与跨文化沟通、英汉语翻译与跨文化沟通等几个方面。

第一节 思维差异对跨文化沟通能力的影响

一、直觉性思维与逻辑性思维对跨文化沟通能力的影响

思维方式是人们认识和判断事物的一种方式。中西方受多方面因素的影响，如地理位置、历史文化及经济体制等，导致中西方在思维方式上存在明显不同。具体来讲，中国人的思维方式比较重视整体性及直观性等中庸思想，反观西方人更加倾向于人的个性发展，这也使得西方人具备了逻辑性、创造性的特点。

不同的思维方式造成了中西方行为方式的差异。因此，应该充分发挥途径的积极作用。中西民族的不同思维方式深受东西方不同的哲学传统、经济制度和地理环境的影响。中国传统思维注重实践经验和知识，注重整体思维，利用直觉去理解把握内在的本质。

西方国家处于开阔的海洋地理环境中，工商业、海运业发达，对他们的思维

方式产生了深远的影响，逻辑性是西方思维方式的一大特征。

二、动态和静态思维对跨文化沟通能力的影响

（一）汉语动态的表现形式

1. 动词连用是汉语常见现象

汉语除简单的动宾结构外，还有连词结构、兼语结构、把字结构和被动字结构等句子结构。连动句也叫连续句，是一种汉语句型。当两个或两个以上的动词一起使用时，它们在顺序、方式、目的等方面是相关的。没有语音停顿或相关的单词。在现代汉语中，它一般可以看作是一个行为的发生和结果（前因和结果）。兼语式复杂谓语中可以有两个动词，若前一动词的宾语同时是后一动词的主语，那么这种既作宾语又同时作主语的成分就叫兼语，含有兼语的句子叫作兼语式，如请君（君）入瓮等。

2. 汉语动词常常重复

汉语中的句子有很多动词，主要的一种形式就是动词会大量重复使用，会经常使用在排比句中，或抒发作者情感的句子中。通过重复动词的使用，来抒发作者强烈的情感。在汉英翻译中，译员为了达到接近原文的目的，往往需要保留一个动词。这种重复和重叠无疑使汉语的动态特征更加明显。

（二）英语静态的表现形式

英语是一种曲折变化的语言，一个单词可以添加不同的词缀，或者根据语法变换单词的形式，经常体现在用单词的适当形式填空这一类题型上。词根是一样的，但是根据时态或者根据主语和人称数的变化，可以添加不同的后缀。例如："walk"这个词就有很多曲折变化，在过去时中要添加"ed"形式，在进行时中，要添加"ing"形式，在第三人称单数作主语时，要变单三。但值得注意的一点是，一个英语句子中只有一个谓语动词，也就是说如果还有其他动词出现，就要改变动词形态，基本上都是改成"ing"形式，以名词化的形式出现。因此，英语句子的形式是静态的。

1. 名词化是英语常见现象

名词化主要是将一个动词变换形式，以名词形式的现象出现。这在英语句子

中经常出现，一个动词变成了它之前动词的名词形式出现，或者一个动词改成了它的"ing"形式，动词后面加了一个"ing"，这些都是经常出现的。因此，英语句子往往很长，有名词化现象以及很多成分出现，复杂难懂。名词化现象是英语中的常见现象。

2. 名词化现象造成介词现象

英文中有大量的名词，所以名词和名词之间就增加了介词，这样才能使得英语句子更加连贯，通俗易懂。英文中名词化现象就造成了介词的大量使用。例如：

Cui Cui, a girl with long hair.

例句中译文用介词"with"与其后名词相结合，代替了动词"长着"。用介词短语代替动词短语，这在英文中经常出现。

除此之外，在思维方式上，西方人是理性思维，注重逻辑性，体现在英语句子中就是大量的名词化现象。中国人是直觉思维，更加注重人的内心感受。

第二节　跨文化沟通中言语交际能力与思维模式

一、英汉语言中的语义文化差异

人与人之间的交际过程实际上是一个编码与解码过程。说话一方首先在脑海里产生所要表达的意义，然后把意义编排成句，最后通过发声传给对方；而听话的一方则是首先听到话音，然后把话音顺序组成句子，最后破译其义，这三个过程代表着音位学、句法学、语义学三个学科在语言交际中的关系。

（一）对应概念，涵义有所不同

有相当一部分词汇，概念意义基本相同，但文化内涵不同或有一定的差别，如果简单套用，就会使交际双方出现"文化休克"。英语中的 shepherd、sea、castle、nightingale 等词对于英国人具有较丰富的联想意义，对中国人则不然，所以要欣赏英语诗歌散文可真不容易。同样，中文中的风、月、江、潮、梅、松、竹等对于中国人所引起的联想也使西方人感到迷惑不解。

另外，一些英语词汇有特殊的含义，我们不能望文生义。例如，"white

elephant"具有"累赘的、笨拙的、包袱的"含义,所以在给外国人推销"白象"品牌商品时可要小心;我们按字面意义把"cowboy"翻译成"牛仔",但不能把这里的"牛仔"理解成汉语里的"放牛娃"。

(二)汉语中特有的概念和英语中特有的概念

国情文化不一样,英汉各自存在对方没有对应的词汇,这种现象叫"词汇空缺"。处理方法常用译音,译音加解释,成为外来语。

表6-2-1 汉语中特有的概念和英语中特有的概念

汉语	英语	汉语	英语
盘古	无	(嬉皮士)	hippies
嫦娥	无	(易皮士)	yippies
牛郎	无	(雅皮士)	yuppies
(缪斯)	Muse	(乌托邦)	Utopia

另外,在表达同一意思所使用的比喻手段中,也可以看到一些中英喻体语义差异和由此而产生的语义文化差异,如 as mute as a fish(噤若寒蝉)、as close as an oyster(守口如瓶)、as hungry as a bear(饿得像只狼)。很多成语也不能照着字面翻译,如 Love me,love my dog(爱屋及乌)、teach fish how to swim(班门弄斧),不过其内涵意义是可以对应的。在委婉语、禁忌语方面也有差异,如英美人都害怕别人说自己老,而中国人却以"老"字称呼比自己年龄大的人,以表示尊敬。

二、英汉语言要素与跨文化沟通

(一)英汉两种语言文化差异

英语和汉语属于两种不同的语言体系。英语属于印欧语系,汉语则属于汉藏语系。二者在语言、语义、修辞、词序、词的构成、词性变化、句法结构等方面存在着很大差异。正是这些差异和差别决定了中西方各具民族特点的文化,进而决定了受不同文化熏陶的人形成不同的思维习惯、审美情趣等。英汉语言不但承载着不同的民族文化特色和文化信息,而且与文化传统紧密相连,不可分割。现从文化传统和风俗习惯、地理环境和思维方式,以及价值观和审美情趣等方面对英汉语言的文化差异进行比较。

(二）文化传统和风俗习惯

由于历史、地域、文化背景、风俗习惯的不同，中国人和西方人往往对同一事物的思维，理解、看法有很大差异。不同的文化传统语言承载的信息感应不可能等效，因而绝对不能简单地对号入座，要讲究语用意义对等，即从语用学的角度考虑，遵循交际中的合作原则，包括礼貌原则、策略原则、满意原则和呼应原则等。

第三节　英汉语用文化与跨文化沟通

一、英汉语篇文化

英语中一词多义常给理解造成困难和歧义。例如：That was an act to legalize abortion. 该句中的"legalize"作为语境线索，激活了议会程序图式，赋予"act"法案的情景意义，排除了其"行动"之意。这就解决了产生歧义的可能。又如，I was going to take the plane to Chicago, but it was too heavy. 读到"take the plane to Chicago"，人们自然会理解为"乘飞机到芝加哥"。但当读者读完这个句子，就会把 plane 理解为"刨子"。事实上，"heavy"起了语境线索的作用：太重不好随身携带，如果不太重就可以携带了，可见是个可以携带的物品。这就排除了"飞机"的意义，因为飞机再轻也不能携带。

二、英汉语用文化

习惯化表示的是语言使用的倾向，但这一倾向在具体的语境和场合下可能会有所改变。

英语中"I promise""I think"之类的词语的使用已趋于规约化，我们很少把它们与转述行为联系到一起。其实，汉语中存在规约化造成的人们对转述现象的熟视无睹。例如，汉语中的"咱"和"咱们"原本是包括听说双方的概念，但人们常爱用来指代听话人。例如：

老支书：喜旺呀，你就别推辞了！大伙选咱，那就是信任咱。（邵力《李

双双》）

老支书试图劝说喜旺担当重任。而采用"咱"这种称呼会使喜旺感到支书对他特别亲近，这样他就容易接受建议。在现实生活中，人们喜欢通过使用"咱"字来表达对别人的建议，所以"咱"原先的转述意味就渐渐被人们忘记了。这是非语言意义的习惯化所致。

第四节　英汉翻译与跨文化沟通

一、翻译视角下中西思维与文化的共性与差异

传统的隐喻理论将隐喻视为隐含了比喻的修辞技巧，主要用于隐蔽地表达出本体与喻体之间蕴含的相似性。当代认知语言学认为隐喻是人类认知世界、感知体验的方式。本节旨在从概念隐喻的角度对张爱玲《倾城之恋》中英文本中的隐喻实例进行研究，通过对两种语言异同点的对比，发掘语言背后呈现的思维与文化的共性和差异。

1980年，莱考夫和约翰逊在《我们赖以生存的隐喻》中提出了"概念隐喻"理论，认为隐喻不仅是一种修辞方式，更是用另一类事物去理解和体验一类事物的认知方式，普遍存在于日常生活的语言、思维与行为中。隐喻的形成依赖于两个义域（"域"指的就是概念）在概念上的映射。源域是说话者完全熟悉的概念，而目标域是基于源域的知识来理解的复杂概念。根据隐喻的构成特点及认知功能，莱考夫将其分为结构性隐喻、方位性隐喻和实体性隐喻三类。

（一）结构隐喻

结构隐喻是基于事物之间的联系，将谈论具体的源域及其相关词语用于谈论抽象的目标域，如"爱情就是旅程（Love is a Journey.）"这样的隐喻方式，将源域中人类可以根据自身经验清楚描绘和理解的"旅程"，用于构建较为复杂和抽象的概念"爱情"。

【例 6-4-1】

徐太太掉过头来，单刀直入地问道。

Mrs. Xu turned, and opened a direct attack.

【例6-4-2】

我年纪大了，说声走，一撒手就走了，可顾不得你们。

I'm old, and when it's time for me to go, I'll go, and I won't be able to look after any of you.

以上两个例子中的概念映射并非随意创造的，而是基于事物之间的相似性而联想产生的，从中可以看到不同民族在认知上的相似性。在例6-4-1中，中英例句都用了具体行为来映射"直截了当的说话方式"，以此表现徐太太说话的直接程度。在例6-4-2中，都用了以"走、离开"来隐晦地表达"死亡"，实现从源域到目标域的映射。

（二）本体隐喻

本体隐喻是将抽象模糊的思想、情感、心理状态等映射在与我们经验有关的周围具体物质、实体或容器上。这一类隐喻又包含三种类型：实体与物质隐喻、容器隐喻、拟人化隐喻。人类最初的生存方式是物质性的，对物体的经验奠定了人类抽象表达的基础，因此常会借助实体的词语来表达抽象的概念。不同民族文化中都存在着类似的表达。

1. 实体或物质隐喻

【例6-4-3】

原籍的太太也有点风闻。

Then Fan's first wife got wind of it.

"风"是与人类息息相关的常见自然气象。"风闻"在汉语里表示"传闻"，以"风"不可见、无踪迹的特点来映射"信息"这一领域来表达消息的隐蔽及未证实、不可靠的特点，英语中也用了"get wind of"表示获得较为隐蔽的消息。

2. 容器隐喻

容器隐喻将本体并非容器的人体、地域、视野、事件、行动、活动、状态等具有边界特质的概念都视作容器，使其有界化、可量化、能进能出，从而理解抽象内涵。

【例6-4-4】

他拿稳了她跳不出他的手掌心去。

He was sure she couldn't escape him now, sure that he had her in the palm of his hand.

将手视作容器，以"手掌心""palm"的实体小范围来映射抽象的"可控范围"，形象地表达了白流苏受控于范柳原无法逃离这一抽象的人际关系概念。

3. 拟人化隐喻

拟人化隐喻是以人的动机、特征与活动表达非人的实体，使实体人格化。

【例 6-4-5】

那口渴的太阳汩汩地吸着海水，漱着，吐着，哗哗地响。

The thirsty sun sucked in the seawater, gargling and spitting in steady rhythm.

以"口渴（thirsty）""吸（suck）""漱（gargling）""吐（spitting）"等人类才具有的动作和状态来描述太阳照耀下的海边波涛奔涌的情景，将人的动机"口渴想喝水"，映射到客体"太阳"上，借以表达人物的思绪状态，展现出炎炎夏日的特点。

以上笔者主要从概念隐喻理论中隐喻构成的角度，分析了《倾城之恋》中英文本中隐喻两个义域的相似性。人类生活经验的相似性，产生了大致相同的认知方式，不同民族隐喻表达在结构隐喻、方位隐喻、本体隐喻等构成上都有近似的表达。对于这些文化内涵、认知方式相同的隐喻，译者统一了原文与译文中源域对目标域的映射，因此《倾城之恋》中英文本中出现了较多的隐喻重合、隐喻互译现象，极大地保留了原作的语言特色。

二、文化差异下翻译的现实意义

翻译在中西文化差异视角下，能够将我国本土文化与世界文化紧密相连，对于推动文化现代化发展、社会文化语境多元化发展和文化思想交流等具有积极作用。接下来以英美文学翻译为例，对文化差异下翻译的现实意义进行深入分析。

（一）推动本土文化与世界文化发展现代化进程

文学作为文化多元系统中至关重要的一个因子，其现代性无疑会影响整个文化系统。文学翻译在我国有一定的历史渊源，近现代佛学翻译输入对现当代文学翻译的影响较大，促生并加快了我国本土文学和文化现代性的发展和成熟。尤其是五四运动以来，西方英美文学翻译将西方文化输入我国，成为很多作家和翻译家的自觉追求，除了将英美文学作为译介，更重要的是赋予思想文化启蒙的责任。

在文学翻译影响下，我国本土文化日趋步入现代化轨道。一方面，英美文学中的科幻、侦探等小说翻译，为我国文化引入科学和民主，成为我国以科技治国，建立民主、法治社会文化体制的导向标；另一方面，英美文学翻译中传入的人文主义思想，在一定程度上为我国本土文化自觉进步提供了动力，成为人民个性解放的有力思想武器。基于此，改革开放前后，英美现代文学及时通过翻译传入我国，快速加强我国本土文化接触、吸纳世界文化的速度和力度，加速本土文化与世界文化的接轨，促进本土文化与世界文化的交流，推动中国文化以前所未有的速度和热情参与到全球化进程中。

（二）促进我国社会文化语境和意识形态更加多元化

21世纪以来，我国对于翻译文学的研究取得了较为长足的发展，文学翻译实践研究，尤其是文化差异视域下英美文化的入侵，使得英美文学翻译实践极为丰富，取得较为丰硕的成果，进而对我国社会文化语境的多元化产生积极影响，决定了我国英美文学翻译和社会发展语境，以及意识形态发展之间具有千丝万缕关系的重要基调。可以说，英美文学翻译得益于我国社会文化的发展，在内涵和外延上都发生了较为深刻的变化，同时又反作用于我国社会文化和文学的发展，为我国社会文化语境和意识形态的多元化发展增添新的内容，即二者在相互作用中共同繁荣。究其原因，21世纪英美文学翻译所处的社会文化语境本身就是多元共生的时代，"文化全球化""信息文化""文化差异""网络文化"等文化关键词，已经充分说明我国社会文化语境和意识形态方面的多元化特征。同时，不同文化随着社会、科技、经济、政治等在不同阶段呈现出的不同形态，相互促进，共同作用并渗透进英美文学翻译过程中，推动其与我国本土文学翻译相融合又相区别，赋予中国翻译文学和社会文化语境不同于以往的时代特色和发展趋向。而英美文学翻译在我国的发展又无时无刻不受社会文化语境和主流意识形态的操控，在数量、类型等方面呈现出阶段性特点，由政治性因素为主导转向以市场经济为主导的特点就是最好的证明之一。加之21世纪全球化浪潮的冲击和中国社会多元文化语境和意识形态，不仅改变了中国翻译文学的存在形态，而且相应地扩充了翻译文学的概念内涵和意义，赋予我国翻译文学前所未有的历史使命，促进我国社会文化语境和意识形态在国际舞台上发挥更加重要的作用。

(三)促进文化差异和冲击转变为思想传播与交流

世界本身是多元的。国家背景的差异导致文化的差异，孕育出风格各异的文学作品。随着文化成为国家综合国力新的竞争点，传承和弘扬本国文化成为国家发展的思想武器。而要有效发挥这一武器的积极效用，不仅要对本国文学作品有详细研究，而且要对外国文学，尤其是英美文学有深刻研究，通过取其精华，能够彰显本国文化的韵味和深度。正如我国翻译学家季羡林所言"中华文化如同一条长河，之所以从未干涸，正是因为新的水源不断汇入，而翻译就是新的水源之一"。① 伴随着社会进步，信息化技术交流的便捷，国家间的文化交流更加密切，由于语系的不同和文化差异及文化冲击等无法避免的因素，不同语言的文学作品必须要以翻译为手段进行跨文化、跨地域传播，这是文化软实力发展的具体表现和载体之一，也是信息技术等硬实力所不能匹敌的，更是翻译作为时代产物诞生的历史结果。而英美文学翻译之所以能够承担此责任，是因为在翻译时不仅要求译者具有扎实的翻译技巧，对于英美文学原著有着透彻理解，而且要注重文学中文化差异的处理技巧，以提高翻译质量和内涵。换言之，英美文学翻译作为专业的高等教育内容，不仅能够将字面意思准确传达，而且能够准确传达文化内涵和思想，促进文化差异和冲突转变为正面的思想传播与交流。

三、文化差异背景下的翻译现状

(一)人称与物称

汉语强调以人为本，因此汉语常用"人称"，即以人或有生命的生物为句子的主语，强调"什么人怎么样了"。而英语认为自然是世界的焦点，因此常用"物称"，即以无生命的名词作为句子的主语，强调"什么事发生在什么人身上"。新闻语言对此也有印证。

【例6-4-6】

More than $150 billion worth of green hydrogen projects have been announced globally in the past nine months.(*Reuters News*，2020-12-14)

---

① 朱艳燕.中西文化差异对英美文学作品翻译的影响[C].教育部基础教育课程改革研究中心.2020：1799-1800.

译文：过去9个月里，全球宣布了总额超过1500亿美元（约合人民币9830亿元）的绿氢项目。（新华社，2020-12-15）

【例6-4-7】

New dog walking rule in Germany leaves owners scratching their head.（*Reuters News*，2020-08-19）

译文：德国立法规定一天遛狗两次引发热议。（澎湃新闻，2020-08-26）

分析：在例6-4-6中原文以"projects"作为主语，突出强调"项目推行"这一事实，而在其对应的汉语新闻中，译者采用了语序转换这一策略，将"全球"作为主语，让该标题的重点转移到了项目涉及的范围上。同样，例6-4-7以"new dog walking rule"（遛狗新规）作为主语，而在对应的中文报道中"德国"作为主语出现在句首。"德国"作为"法规设立者"是"人称"，"遛狗新规"作为"被设立者"是"物称"。在英汉两种语言的转换过程中，译者将人称与物称进行调换，让新闻语言更加符合目的语读者的思维方式。

通过对上述两个例句的分析，人们可以发现，英语新闻常以物称作为主语，而对应的中文新闻则常用人称作为主语。所以在人称和物称的使用上，新闻语言也受到了中西主客观思维方式的影响。因此，在新闻翻译实践中，译者要注意人称与物称的转换。

（二）文学主旨

忽视时代背景差异，导致主旨偏离现实。我国文学创作和翻译发展具有鲜明的时代特征，尤其是改革开放以来，受西方文学文化的冲击，我国文学界呈现出对社会现实进行描写的基本基调，这是国际大环境所致，尤其是我国写实类文学独树一帜。文学创作者紧紧围绕现实，从中感悟和感慨人生，由此展现国内文化思想发展历程和现状，但对英美文学翻译产生较为负面的影响。一方面，我国引入的英美文学翻译作品，本身就受到我国社会环境和思想的限制，造成主观思想影响翻译内容的现象充斥翻译界和文坛，极易导致作品翻译受译者主观意识的影响，凭借自身经历和对国内社会环境的判断，将主观理解强行嫁接到翻译背景中，造成先入为主的脱离现实的结果。另一方面，译者忽视了文化差异是中西文化交流的主要障碍之一。随着我国社会经济发展到一个新阶段，精神和文化交流在民众生活中占据越来越重要的地位，但是在解读英美文学翻译作品或者翻译文学作品时忽视中西文化差异,或者可以说大多数民众对于中西文化差异的概念和时代背景差异的认识较模糊,对于原作主旨和本身包含的时代背景和现实差异转化失败,进而影响后续翻译策略、模式的正确运用,造成翻译主旨偏离时代背景和现实,产生不利影响和消极效果。

(三)文化内涵

忽视风俗文化差异,导致文化内涵误读。宗教文化是文学发展的重要内在支撑。英美文学翻译的充实离不开系统化的教学,而宗教文化是该教学体系中不可或缺的内容。这一点在翻译实践中已经被认可,但是在前期实施阶段并未受到足够重视。不可否认,各国宗教风俗文化经过几千年的发展沉淀,与不同时期各国政治、经济、文化、民俗等具有不可分割的关系,内容庞杂且复杂,对于处在应试教育向素质教育转型的中国学生来说,接受难度较大,大多数学生是进入大学阶段才开始接受相关内容的专门教学,但是课时很少,学生在该模块付出的精力和时间都极为有限,造成大多数学生的文化底蕴不足。当前从事英美文学翻译的主要人员以高校英语专业培养的人才为主要资源,这部分主流人员很大程度已经丧失对西方优秀文化、宗教历史熟练掌握并解读的机会。如此,译者在阅读英美文学原作时,自身都不能完全理解作品中包含的宗教文化知识,在翻译时知识储备不足,译作的文化内涵支撑不足已经成为既定事实。在此基础上,译者即使掌握归化、异化等翻译策略,但是与宗教风俗文化内容的衔接不足,其对翻译策略的理解长期处于理论阶段,就会导致对译作文化内涵产生误读,甚至是文化内涵缺失。

(四)主题与主语

中国人对于世界万物的认识始终保持多元的整体性,特别强调感性的综合判断思维方式;而西方人在要求自然符合人的愿望的基础上,严格划分人与自然的界限,注重逻辑分析的综合思维方式。这一点在语言表达上也有所表现,即英语是主语优先的句子,句子的主语往往就是主题,而汉语是主题优先的句子。所以,英语句子一定要有主语,必要的时候用"it"充当形式主语从而使句子完整,而汉语就不一定需要主语来使句子完整,在汉语中无主句十分常见。新闻语言中也是如此。

1. 缺失主语

【例 6-4-8】

It needs to be chilled to only minus 33 degrees C.（*Reuters News*，2020-12-14）

译文：只需将它冷却到零下 33 摄氏度。（新华社，2020-12-15）

【例 6-4-9】

It currently isn't planned as a permanent exhibition.（*Ekathimerini*，2020-08-04）

译文：目前尚无计划将其作为永久性展览。（中国青年报，2020-08-04）

分析：例 6-4-8 以"it"（代指前文的"hydrogen"）作为主语，而中文报道省略人称主语，从而将被动转为主动，让中文新闻更加符合汉语的表达方式。例 6-4-9 选自一则"水下博物馆"相关新闻。该案例英文报道中的主语"it"（代指"the museum"）也没有被直接译作主语，译文是一个无主句。可见，在主语的使用上，新闻语言也受到了中西主客观思维方式的影响。

2. 形式主语

【例 6-4-10】

It is much easier to ship hydrogen in the form of liquid ammonia.（*Reuters News*，2020-12-14）

译文：运输以液态氨形式储存的氢要容易得多。（新华社，2020-12-15）

【例 6-4-11】

It's better to build them into your itinerary from the start.（*Daily Mirror*，2010-01-08）

译文：最好从一开始就把它们纳入你的行程。（语料中国，2020-01-20）

分析：例 6-4-10 出自一则"绿氢研发"的新闻报道。为了避免头重脚轻，英文报道中"it"作为形式主语代替后面的"to ship hydrogen in the form of liquid ammonia"，而其对应的中文报道直接将主语从句译出，并放在句首作为主语。例 6-4-11 出自一则"英国人假期安排"的相关新闻。英文报道中的"it"指代后文中的"to build them into your itinerary from the start"，而其对应的中文是无主语句。

可见，新闻语言中形式主语的使用与转换也受到了中西方主客观思维的影响。当所表述事件或情况的句子过于冗长时，英文报道常用"it"作为句子的形式主语。所以在将英语新闻翻译为中文时，译者可以选择直接不译形式主语或将其代替的成分直接译出。

(五) 语义表达

忽视语言结构差异，导致语义表达错位。文化差异下英美文学翻译的最大关注点在于"差异性"，而两种语言之间的语言构成、语言模式、语义等方面的差异是具体差异中的重点。英汉两种语言所属语系不同，汉语属于汉藏语系，音、形、义联系紧密，而英语属于印欧语系，音、形和义往往是分离的。这一点作为英汉语言结构差异的基本点，往往也是大多数译者所忽略的。在此基础上，译者忽视汉语是分析型语言，主要表达方式是词序变化或者虚词巧用；英语是综合型语言，词性、词形、时态等的变化较多的语法结构差异，导致英语语法成为相当一部分译者熟练掌握并运用的难点。由于译者缺乏对中英基本构词、语法差异的了解，忽视英汉句子结构和逻辑关系之间的差异，不能处理好形合、意合、起承转合的运用。语言构成可谓语言模式的基础，中文往往重视宏观性和整体性的语言表达，而英文重视微观性和个体性表达，这也是极容易被忽略的。如此，中英文语义表达方面的语义范畴和情感取向差异成为大多数译者最难以把握的差异内容，由此造成中英文化冲突，进而引起词语深层意义相矛盾的情况比比皆是。在英美文学翻译中，忽视这些差异，意味着中英文语义褒贬、指称范围、联想意义处于缺失状态，从而出现中英文语义表达皆错位、词语文化内涵缺失，原作内容被损害的现象。

(六) 文学作品活力

忽视思维模式差异，导致作品活力下降。英美文学翻译涉及语言、文字、思维等要素的转换，在中西文化差异下更加考验译者的思维能力，这在很大程度上能够决定翻译作品的成败和作品的传播效果，以及读者的接受能力，甚至是作品的传播力度、生命力和知名度。现阶段，英美文学翻译思维已经基本构建，但是仍然忽视中英文思维模式差异的主导力，导致思维优化不到位，思维模式对于翻译的长期指导力不足。可以说，这是目前英美文学翻译处在瓶颈期极为重要的原因，由大环境决定。大环境主要是英美文学翻译市场的需求和检验，以单纯追求销量为主，或者翻译建立在英美文学作品本身的知名度上，译者多数情况下选择经典重译，只是在个别语言和细节上进行改译，对于思维模式的融合甚至是转换体现得极少，应有的审核机制不够完善，导致相当一部分译者"浑水摸鱼"，凭借英语专业相关的头衔、证书等成为所谓的翻译新秀。当然，大多数译者秉持着传播中西文化的使命，但是奈何所接受的翻译教育受应试教育影响深远，翻译思维已经固化，在翻译过程中将大多精力和时间用于单词和短语意义的斟酌中，出现语句之间不连贯，"翻译腔"严重的情况，大多数情况以汉语思维主导翻译，无形中降低了读者的阅读兴趣。可想而知，英美文学翻译作品活力下降在一定程度上是一种必然，进一步影响原作生命力的延续。

（七）主动与被动

西方人往往注重客体对于人的影响，而汉语则注重主体对于事的影响，这致使英汉语言在遣词造句上有一个十分明显的差别：英语常用被动句，而汉语则常用主动句。研究发现，新闻语言也具有此特征。

【例6-4-12】

Polar bears in 12 of 13 subpopulations analyzed will have been decimated within 80 years.（*Phy.org*，2020-07-20）

译文：研究分析的13个北极熊亚种群将有12个在80年内灭绝。（前瞻网，2020-09-02）

分析：例6-4-12的英文报道使用了被动结构，而中文报道则使用了词类转换法，将原句中的"被灭绝"直接转换为"灭绝"，即将英语报道中的被动转化为主动。

从上述例子中不难发现，汉英两种语言在表述同一则新闻时，英文报道常使用被动语态，而汉语报道常使用主动语态；而在翻译过程中，英文新闻中的被动语态被转换成了中文新闻中的主动语态，这一转换是中国人"主观意识"和西方人"客观意识"差异在新闻语言翻译过程中的体现。所以，在新闻翻译过程中，译者应当注意主动语态和被动语态的转换。

四、跨文化沟通视角下的翻译策略

（一）英汉翻译与文化的内在关系

英汉翻译不仅是一种跨越中西方语言的转换行为，更是一项跨文化交际的活动，译者从事翻译工作也是用语言表达形式实现文化交际的过程，包含了中西方文化的差异、碰撞和融合。研究英汉翻译与文化的内在关系，一方面可以帮助译者提高翻译水平，另一方面通过翻译活动找到文化之间的普遍共性和个性问题，译者可以利用这些现象来实现更深层次的跨文化交流。

1. 文化共性与翻译

无论是中国人还是西方人，人类感知客观世界的器官都是大脑，相同的生理特征使得中西方的人们对生活、学习和劳动的感受较为相近，这些相近的感知就形成了中西方文化的共性特征。在语言表达过程中，这些共性特征往往具有异曲同工的表现形式，译者可以利用这些共性感知来实现英汉翻译。例如，在中西方语言中都可以使用"捧上天（to the skies）"来表达赞美之意。

2. 文化个性与翻译

中西方的历史、人文、宗教和社会制度造成了中西方文化的巨大差异。文化个性特征深刻影响了语言的发展进程，可以说语言是特定文化背景下的产物。文化个性特征的表现形式之一就是语言缺失现象。例如，汉语中具有丰富含义的成语在英语中并无任何引申含义，如"胸有成竹"，部分英语语句直译成汉语也没有对应的表达含义。译者在翻译具有文化个性特征的语句时，要避免逐句逐字硬性翻译，应采取保留大意的意译方法，尽量将对方语言的丰富内涵用对应的喻体来呈现。在应对文化个体问题的翻译过程中常使用补偿法、增译法和注释法等。例如，"baby"一词直译为孩子，但在一些特殊语境或俚语中则表达不同的含义。

This is your baby. 译文：这是你的任务。

baby fat，译文：婴儿肥。

baby blues，译文：产后抑郁。

bottle baby，译文：酒鬼。

Jones was a baby-kisser when he was running for the position.

译文：琼斯先生在竞选这个职位的时候到处拉选票。

(二)跨文化沟通视角下翻译的基本方针

1. 意译法

意译法是指在翻译时不拘泥于原文的语法形式，只重点保留原文的含义，即翻译结果与翻译内容之间存在差异性，但所表达的意思却是相同的，且最终的翻译结果更加利于人们理解。虽然源语和目的语在形式上有所不同，但是表达的意义却基本一致。不过在翻译的时候也不能忽略语句的通顺度，部分翻译者在翻译时过度追求翻译结果的简化，而忽略了语句自身的通顺度，这不仅无法达到预期的"易于理解"效果，反而会造成理解障碍问题的出现。

有些时候，在跨文化的翻译中，采用意译法会更加准确地表达出原文的含义。

【例 6-4-13】

When can he arrive in China? Whenever this plane landed.

译文 1：他什么时候可以到达中国？当这班飞机降落的时候。

译文 2：他什么时候可以到达中国？当飞机着陆的时候。

在译文 2 中，原文中的"landed（降落）"和"arrived（着陆）"意义很接近，在进行意译的转换后，译文和原文的意义更加接近，读者也能够更明确原文的意思。

在翻译的时候，译者为了使得翻译后的意思更加接近原文，可以采取同音字进行翻译。同时，在跨越文化地域的翻译中，想要表达出特定的文化内涵，也需要选用灵活的字词。例如，在中国文化中红色被广泛应用于中国人的日常生活当中，是吉祥、如意的象征和代名词。但由于文化的差异，在西方国家的文化中，红色是恐怖邪恶的代名词，西方人一般将"红色"视为魔鬼的象征，西方文学、影视资料中常将"红色"视为"魔鬼"的专用颜色。所以在翻译的时候就需要凭借语境含义进行恰当的翻译，不能直截了当地翻译。例如，Your face looks red. 在英文中是代表着羞愧或者尴尬，在翻译成中文的时候不能翻译为"面色红润"。

另外，在跨文化翻译中，过多的直译同样会使译文显得生搬硬套，让目的语读者读起来很吃力，有些成语包含的比喻意义是目的语读者所不能接受的，比如说汉语中的"眉飞色舞"，如果按照字面意思直接翻译为"One's eyebrow is flying and countenance is dancing."，会使目的语读者觉得莫名其妙，不知所云。这时候，我们就需要调整相应的翻译策略来应对词汇缺项。

除此之外，有些词汇蕴含的文化义项也无法照字面意思直译出来。这就需要译者面对这些词汇的时候，理解原语词汇背后蕴含的深层含义，并在译语中将该层含义显化。虽然该方法会使源语的语言形式或修辞在一定程度上丢失，但是它能够很好地达到文化之间的对等，填补词汇空缺。

如汉语中的成语"竭泽而渔",如果按照直译手法来译的话就是"to drain a pond to catch all the fish",但是按照意译的手法来翻译的话就是"kill the goose that lays the golden eggs"。除此之外,汉语中的一些表达,类似"挥金如土""对牛弹琴"等,如果一味追求传达源语的形式和修辞,就会译成"to spend money like dirt"或"to play the lute to a cow",这样虽然能传达出汉语中的文化意象,但是过多的直译会造成译文的生涩,不妨舍弃原语的形式和修辞,采取英文中的固定表达"spend money like water"和"cast pearls before swine"。

在英语词语的汉译过程中也同样如此,上述所提出的直译策略主要针对英语中平铺直叙,既无较深含义,也无难解典故的词汇,但是在这类词语中含有明显比喻意义,且鲜少为译入语文化语境中的读者熟识,比如说"as wise as Solomon"如果直译为"像所罗门一样聪明",就无法使译语文化中的读者产生于原语文化中相同的联想,因为"所罗门"在汉语中是空缺的。对于这种情况,我们应该避开其字面意义,直接译出词汇的比喻意义,以便中国读者能够更好地理解西方文化。例如:"bend an ear to"可以译作"倾听、聚精会神地听、洗耳恭听";"a skeleton at the feast"译作"扫兴的人或东西";"hang on sb's sleeve"译作"依赖某人";"make a monkey of"译为"愚弄"。该方法有利于减轻文化差异带来的词汇空缺问题,使译文更加符合译语文化读者的习惯,从而促进文化交流。

2. 音译法

译者在跨文化翻译的过程中,遇到完全词汇缺项的情况,可考虑采用音译法进行翻译。完全词汇空缺的情况指的是在英汉翻译中,英语的某些文化内涵词完全无法在汉语中找到对应词汇,反之亦然。音译法是一种基于异化的翻译方法,是指根据原语的发音,在译语中采取相近的音进行翻译,这种方法尤其适用于一些地名和人名的翻译,很多采用音译法翻译的外来词汇,经过文化的交融,已完全融入我们的日常生活中,被人们所接收。

音译法大概可分为三种类别。第一类是完全音译,如英译汉中的 Singapore(新加坡)、Paris(巴黎)、cafe(咖啡)、sofa(沙发)、TOEFL(托福)和汉译英中的 Kung Fu(功夫)、oolong tee(乌龙茶)、Peking(北京)、Tofu(豆腐)等。第二类是在音译的基础上加上范畴词,以帮助说明,如 motor(摩托车)、rifle(来福枪)、sardine(沙丁鱼)、champagne(香槟酒)、AIDS(艾滋病)、Beret(贝雷帽)

等。第三类是对音译词汇加以注释的方法，如"the sword of Damocles"（达摩克利斯之剑——潜在危机）、Muses（缪斯，希腊神话中文艺和科学女神的通称）等。

由上可见，成功的音译法作为一种异化翻译策略，既能够解决跨文化翻译中遇到的词汇缺项问题，也在很大程度上促进了两种文化之间的交流，丰富了译语文化，也使得译语文化语境中的读者能够更好地认识异质文化。

3. 精简法

精简法是将带有一定文化内涵的词语进行化繁为简的精练，但要保留核心意思并简洁叙述。精简化是用于翻译中西方文化中特有的名词时具有良好的应用价值。中国很多四字成语注重对仗工整，所以会出现同义词的堆砌，若直接对中国四字成语进行翻译，最终会获取大量的英文内容，且不利于人们的理解。在对这种四字成语进行翻译时，只需要对核心词进行翻译，这样可使词义简洁，意义突出。

【例6-4-14】

这里的景色美不胜收，令人眼花缭乱。

译文1：The scenery here is beautiful and dazzling.

译文2：The scenery here makes people's eyes blind, and their eyes are dazzling.

很明显译文2更好地保留了译文的修辞，既精简又明了。

4. 直译法

音译法主要针对一些单词，但面对源语文化中一些文化负载义较强的词汇，如果单纯使用音译法，可能会使文化色彩在译介过程中流失，并且过多的音译可能会使译语文化语境中的读者接受困难，因此可以采取直译法。直译是翻译中最普遍采用的方法之一，指译者对源语内容进行逐字逐句的对应翻译，直译法既保持了原文内容，又保持了原文形式，能使译文语言最大限度地保留原文文字的形象和文化特点，是填补词汇缺项的一种常用方法。

直译法可以分为两种，一种直接对内容进行直译，不添加注解。例如，汉语中的黄河（Yellow River）、中秋节（Mid-Autumn Festival）、火锅（hot pot）、咸菜（salted vegetable）、丢脸（lose face）、一国两制（one country with two systems）等；英语中的 black horse（黑马）、hardware（硬件）、crocodile tears（鳄鱼的眼泪）、Achilles's heel（阿喀琉斯之踵）等。另一种针对直译不足以使译语读者理解内容

的情况，在译文后面加上注释。例如，里（li, a measure word for distance）、克山病（Keshan disease, an endemic disease first appealed in Keshan county, Heilongjiang province of China）。

在面对词汇缺项时，采用直译法可以最大限度地靠近源语文化，保持源语文化的原汁原味，翻译不仅是解码重组的过程，更重要的是一个交流过程。在跨文化翻译中，运用直译法的策略，不仅能够使读者接触大量丰富的异域文化，促进文化与文化之间的交流和吸收，还可以丰富译语文化中的表达方式。

5. 替换法

在归化翻译中，通过将英语直接对应的词汇对原文进行翻译，这样能够更生动地表达原文所要传递的意义。而替换法就是常用的一种归化翻译手段，它是通过直接使用具有类似或同样效果的替换性词汇进行表达。一般情况下，替换法常被应用于解决英文中没有的词汇。由于中西方文化、物质生活的差异性，部分名词、物品在英文中并没有直接对应的词汇，这种情况下就需要通过替换的方式进行翻译。例如："功夫熊猫"可翻译为"Kung Fu Panda"；"春节"可翻译为"Spring Festival"；等等。又如"中国要求豆腐必须使用国内种植的非转基因大豆制作。"译为"Tofu be produced from the non-GMO soya that is grown at home."豆腐在英文中没有对应的词汇，所以直接用"tofu"来代替豆腐。

6. 借译法

除此之外，还有一部分词汇是无法在译入语中找到比喻意义完全相同或对等语的，这也属于词汇缺项的一部分。这种情况下，可以借用目的语中存在的概念或者表达方法去替代原语中的表达。例如，"a bolt from the blue"可以译作"晴天霹雳"，"six of one and half a dozen of the other"可以译作"半斤八两"，"leave no stone unturned"可以译作"千方百计"，"calla spade a spade"可以借用汉语中的词汇"直言不讳"，"by the skin of one's teeth"可以借用汉语中"九死一生"来传达。同样，汉语中一些词也恰好能够在英文中找到意义相近的词汇进行替代。例如说："守口如瓶"可以借用英语中的固定表达"keep a still tongue in one's head"来传译；"冰冻三尺非一日之寒"可以借用英语中固定习语"Rome was not built in a day."来表达。

但是采用借译策略，容易望文生义。因为一些英语词汇习语和汉语词汇表达在形式上非常相似，实则形似意不似。比如"child's play"形容的是简单的东西、容易的事情，但却常常被误译为"儿戏"，其实是不正确的。因此，译员在采用借词策略时，应该注意只有原语与目标语在词汇功能和意义上基本相当时，才能应用这种方法，否则会产生严重的曲解。

（三）跨文化沟通视角下翻译技法的组合

应对跨文化交际对英汉翻译的影响，译者要遵循文化平等和互相尊重的原则，努力促成文化的融合发展。近年来，常用的翻译策略包括异化和归化两类。异化策略是突出语言的文化属性，通过还原原文的语言风格和文化特征来进行翻译；归化策略是以译者母语为立足点，将外语用本民族文化的语言思维模式来表达。异化和归化策略的交互使用形成现代英汉翻译的诸多技巧，这里列举几种常用方法。

1. 直译音译结合法

直译音译法是典型的异化翻译策略，强调最大限度地还原原文的文化内涵，如翻译汉语的"临时抱佛脚"，将其使用音译法翻译为"embrace the Buddha's feet in a crisis"。一般来说，涉及人物、地名、俗语等内容的翻译都可以采用直译音译法。

2. 直译加注法

直译加注法又称附注式译法，就是在异化策略中，如果读者无法理解译语的深层意思，可以在直译的基础上加上注释，帮助读者来理解译语的真正含义。

【例6-4-15】

杀鸡给猴看。

译文：To kill the chicken to frighten the monkey. It means:to punish somebody as a warning to others.

将原文直译得出译文后，再加上"It means"来加以解释，这样的做法既保证了准确性，又帮助了读者深入理解源语的含义。

3. 音意结合法

音意结合法是将异化和归化两种策略并用和组合的翻译方法，常用在具有历史背景和社会阶层语境下的翻译过程中。例如，"eats no fish"在英语中表达对政府的忠诚，来源于英国伊丽莎白一世在位期间，她出台法律摒弃了天主教星期五不准吃肉只能吃鱼的戒律，目的是彻底脱离罗马教会的统治，人们为了支持女王就打出了"星期五不吃鱼"的口号。经过多年的演变最终成为"不吃鱼"，也引申为"忠诚的国民"或"诚实的人"等含义。同样的典故或用法在汉语习语翻译中也较为常见，如"开门见山"利用音意结合法可翻译为"to play the game"。

（四）英汉翻译中跨文化视角转换

1. 跨文化视角转换的内涵

各地文化的差异逐渐显现出来，语言转换过程中很容易出现问题，从而造成翻译上的偏差、沟通上的困难等。因此，英语翻译者不能把文化知识停留在表层，只有深入了解各国的文化差异，了解当地的风俗习惯，理解文化视角转换的概念，掌握翻译技巧，才能保证翻译的可读性和准确性，提高翻译水平和质量。

2. 跨文化视角转换的策略

（1）词汇的转换

跨文化交际在英汉翻译中的影响首先体现在词汇转换的问题上。在英语中，词类转换发生的场景是在名词、副词、形容词和动词等词性上，而在句子中词汇转换相对较少，因为英语的句子语法结构相对固定，如主谓宾结构中有且只有一个动词作为谓语，名词与动词的重复使用情况较为常见。而在汉语言环境中，名词可以由多个汉字组成，所以名词的数量会非常多，无须在语句中用名词来替代动词，这就要求在英汉翻译过程中译者要将英语语句中的词汇进行有效转换。

（2）感情色彩的转换

由于中西方文化的差异，在英汉翻译中会遇到很多具有典故的英语词汇，并且同一个词汇在不同的语境中会发生较大变化，这就需要译者在进行翻译时首先要充分考虑段落大意和前后义结构，通过整理和组合最终形成具有特定感情色彩的语句结构，然后在汉语中找到与之相对应的词汇来表达完整意思。译者要注意保持文章的整体语言风格，不能完全照搬，也不能完全摒弃，要在合理保留和色彩转换方面下功夫，努力实现对原作品风格的延续和进化，从而避免似是而非的翻译问题。例如："pink-eyed"既可以表示粉色的眼睛，也可以表示妒忌；"eagle-eyed"既可以表示鹰眼，又可以表示洞察力强。

（3）语句虚实的转换

为了保证英语翻译的准确性，译者有必要有效地掌握虚拟与现实的转换。与现实之间的翻译意味着翻译不能一字不差,而应该是对等的。应灵活运用与现实的转换技巧,在一定程度上避免语言环境、文化差异等因素的影响,使翻译更加准确、合理。所谓语句虚实就是在一些特定的语言环境下,某种语言的词汇或语句会发生变化,用来表达其并不具备的表达含义。例如:

The matter was finally solved under the table.

译文1:这件事最终私下里解决。

译文2:这件事最终在桌子下解决了。

原句中的"under the table"在非美国语言环境下表示"在桌子下",如"drink me under the table"(把我喝倒在桌下),美国语言环境中表示买通或私下解决。译者要根据上下文语境来考虑用哪种翻译方式才能表达得准确和合理,这就是所谓的化实为虚,将实际的事物转换为隐藏的含义。在一些语境中,译者还要做到化虚为实,例如:

I don't like a person who is more brave than wise.

译文:我不喜欢有勇无谋的人。

这里的"brave"和"wise"分别表示勇敢和聪明,但放在语句"more brave than wise"中则表示"有勇无谋"的意思。译者需要具备跨文化交际的视角才能实现。

(4)词性转换技巧

在英语翻译中,词性转换通常表现为名词、形容词、副词和动词等多种形式。在英语语法中,每个句子只有一个动词谓语,动名词和动词名物化经常发生。汉语环境中动词的使用不受上述因素的限制,许多汉语名词,如地位、形容词等,在英语中都能找到相应的词类。由此可见,英汉文化背景的不同,名词在英语的具体用法中经常被使用。同时,在翻译过程中,英语动词常常被翻译成汉语名词。

(5)形象转换

不同的民族在历史地理、宗教信仰、风俗习惯、价值观念等方面的差异,在不同的语言环境下,在翻译的过程中,许多事物的形象也存在着差异。辩证地看,原作风格和译者风格是矛盾的对立体。图像转换是视角转换的重要组成部分,图像转换又是一个复杂的问题,在图像转换中选择正确的图像,将直接影响翻译的质量。具体表现在形象转换的喻体、转换的方式两个方面。通过喻体的运用来描述本体的特征，可以使本体的描述更加形象生动。

（6）修辞转换

英汉翻译中对修辞的处理，是一种常用的表达方式，也是一种感染性修辞。汉语和英语在修辞上有许多相似之处，如比喻、排比、拟人、借代、双关等。对原文与译文进行修辞对等，译文能有效地表达原文意义，是进行翻译的最佳途径。然而，有时候原文和译文都很难达到修辞的等值和意义的等值，这就需要采用转换修辞的方法。有意识地识别句子结构的异同点，对于句子意义的全面解读和结构转换策略的合理运用是十分必要的。

（五）跨文化沟通视角下的归化与异化

1. 归化与异化的历史研究

（1）归化法的特点

归化是要把翻译的源语进行本地化翻译，它主要站在翻译成果和翻译后易于读者阅读的角度。所以归化翻译要求翻译者进行翻译的时候要以读者为中心，以较为本地化、通俗化的语言进行翻译，使得读者容易理解，同时增加译文的美感与阅读感。归化法有以下四个特征：一是以合适的方法进行翻译；二是翻译保持著作的流畅；三是可以插入部分注释促进理解；四是对原文进行合适的理解，使译文保持类似的特征，不改变原文的意思，做到两者兼顾。

（2）异化法的特点

异化法和归化法相反，它主要站在原文的角度，强调在翻译的过程中不丧失原文的语义及文化，使读者能够理解原作者所要展现的主题思想和文化。所以在语言文字和文化层面，归化和异化有很大差别。异化策略下的翻译，可以不受语法的影响较好地保留原著的特色与异国情调。

翻译采用异化法进行翻译也是对社会文化的一种干预策略。翻译的异化策略具有四个特点：一是不完全和著作原有的语言规范一致；二是在翻译的时候可以增加一些不通俗易懂的文体；三是不丧失著作原有的一些语言材料并作出保留；四是在翻译的过程中尊重文化差异，不丢失源语所要展现的地方特色与民族文化，使读者可以看到并理解原作者想要展现的画面。

（3）归化为中心，异化为补充

全球化进程的不断推进使各国之间的交流日益加深，文化间的碰撞和融合也越来越多。翻译能够让读者快速地了解其他国家和地区的文化,这样既满足了读者的需求,又实现了文化的交流。所以在很多情况下,翻译都会保留本地的一些语法规则,尽量用本地化的语言文字表达异国的文化特色与内涵,这个时候就实现了翻译内容的异化和语言表现的归化。这既是对原文中的文化内容进行保留,也促使翻译有了动态的语言形式。所以从本质上看,翻译的方法基本是以归化为中心,异化为补充。

综上来看,翻译其实就是为了促进文化间的沟通和理解,让读者以通俗易懂的方式更加明了原文所要展现的内容。换句话说,如果一个人对一种语言较难理解,那么通过借助手势手语这种形式进行传达,就可以很快明白。由此可见,翻译本身就是语言的归化。但是异化和归化两者是"你中有我,我中有你",只有相辅相成才会对译文产生更好的理解和表达作用。但是归化和译文只有因时制宜,才能增加新型的表达。这从古今很多的翻译中也可以看出,也证明了以归化为主,以异化为辅的策略。

2.归化与异化涉及的三个层面

(1)语言层面

针对语言层面的文化差异,归化论长期占上风,旨存使目的语读起来流畅自然,易于理解。对于硬文本的翻译,如合同、法律文件等,基本不涉及文本内容和篇章格式的调整,译者需要重点处理的是语言层面,一般采用归化处理。语言层面的异化有悖于目的语的表达习惯,易形成翻译腔,导致文章读起来晦涩难懂,达不到交际的目的。我国很多翻译大家都较提倡归化,如傅雷的"神似论"、钱钟书的"化境说"等。然而,语言的进化也是一个漫长的过程,适当地引入异质因素有利于丰富目的语。无论是现代汉语、英语还是其他语言,都或多或少有一些外来语,不可避免地受到外来语的影响。从这一层面来看,语言适度异化也是提倡的。

软文本的翻译主要指文学作品翻译,重点涉及诗学及意象处理这两个方面。诗学是一个很复杂的概念,在现代语境下基本等同于文学理论,包括文体风格、叙事方式、篇章结构、段落组合及句子逻辑等。在翻译实践中,大多译者通常会对文学作品进行归化处理,旨在迎合目的语读者的审美期待,使译文更易于接受,达到交际目的。例如,霍克斯在翻译《红楼梦》时添加进了很多段落主旨句,张培基翻译散文时也会对篇章及句式结构进行删减重组。

此外，翻译目的也对文学作品的处理方式有很大影响。通常情况下，如果译者旨在引介某种创作手法，那么通常会采用归化手法，会更注重对诗学中的差异进行保留，以实现交际功能达到特定的目的。

（2）文化意象

语言根植于特定的文化之中，文化以某种自然语言的结构为中心。语言与文化相互依存，两者是共生关系。在翻译中，语言最难处理的文化便是文化意象。

文化意象浓缩着特定民族的文化渊源及审美心理，包括特定人名、地名和事件等，其蕴含的深刻文化内涵也是学术界归化与异化之争的重点。删除或置换文化意向，对其进行归化处理，会减损原文信息且不利于引入异域文化；而对其加注或进行直译，采取异化处理方法，也未必可以恰当地移植其中的文化内涵。文化意象根植于特定的文化土壤中，贸然移植到异域文化中很难生存成长。如处理不当，读者可能会难消化理解，且影响阅读的流畅性，以《红楼梦》为例。《红楼梦》是一部蕴含着丰富中国传统文化内涵的经典著作，其中"红"字为核心文化意象。《红楼梦》题旨在悼红。"红楼"写浅红、万艳、群芳故冠以"红"，又一"梦"成空，深具"悼红"之情，故"红"字是书的总主题。但"红"字在中外文化中的含义截然不同。在英美文化中，红色象征着激情、欲望、血腥与暴力，通常被视为不祥之兆；而在中国，红色通常取红火吉祥之意。因此，对于"红"这一文化意象的翻译处理是关键。

在杨宪益先生翻译的英译本中，书名译为了 *A Dream in a Red Chamber*。杨先生采用异化的翻译策略来处理"红"这一文化意象，为的是在译文中更好地保留源语文化。不熟悉中国文化的英美读者在读完全书之后想必会对"红"这一意象有了进一步理解。而戴维·霍克思（David Hawks）采用了归化的策略，在翻译时采用了《红楼梦》的另一个书名《石头记》，因而译成了 *Story of the Stone*。霍克思认为，英美读者对于"红楼梦"这个词的理解与中国读者完全不同，若采取异化的翻译方式会造成误解。

对《红楼梦》两个译本书名进行对比我们可以发现，两位译者采用不同的翻译策略是出于不同的目的，进而对源语进行不同程度的取舍。杨宪益先生采用异化的翻译策略是为了更好地传播中国文化，而霍克斯先生采用归化策略是为了更好地方便目的语读者理解。两位译者基于不同的翻译目的使用了不同的翻译策略。因此，在处理语言中的文化因素时，两种翻译策略各有所长，不分高下。

（3）归化与异化的关系是动态的

学者张智中认为：作为看似对立的两种翻译策略，异化和归化可以共存于同一次翻译行为之中，即有时一句翻译中，可能意象差异是异化处理，但语言层面却是归化处理。我们讨论一句话进行的是归化还是异化处理，是就其核心差异而言的。如杨宪益先生讲"谋事在人，成事在天"这个短语译为"Man proposes, Heaven disposes."。这个短语在语言层面上是归化的，借鉴了英文中"Man proposes, God disposes"的表达方式，但是在意象方面使用了"heaven"，表达了中国人口中的"天"，采用了异化的翻译策略。此句的核心差异体现在文化意象上，所以我们通常都把它看作异化处理。一个语篇由多个句子构成，更是归化与异化的综合体。如果说某个译文采取了归化或异化策略，往往强调的是其主导倾向。归化异化翻译策略的选择应该综合文本类型、文化意象及翻译目的等多方面因素，即译者确定主导翻译策略时应当持整体观和历史观，不应僵硬死板地去选择。

（4）归化与异化也是一种翻译伦理

归化与异化不仅是翻译方法和策略，更是一种翻译伦理。归化和异化作为翻译方法和翻译策略主要处理语言文本层面及其中承载的文化差异。其中，翻译方法主要处理句子层面；翻译策略更加宏观，是针对整个语篇的。宏观翻译策略需要通过具体翻译方法来实现。而作为翻译伦理，归化和异化则更多指的是译者对待文化差异的态度，需要通过翻译理论和翻译方法付诸实践。

在过去的几十年中，汉英翻译通常采用归化的方法，按照英语的表达习惯将汉语翻译成英语。采取不对等的归化和异化的翻译方法从侧面反映出了强势文化向弱势文化的渗透，可视为一种文化入侵。文化作为一国的软实力，与其综合国力及国际地位息息相关。如今随着中国的国际地位不断提升，中西文化交流不断加强，这一归化的翻译方法逐渐向异化接近。这一变化过程是长期的，也是动态的。

3. 归化与异化的翻译策略

（1）归化翻译方法

在跨文化交际视角下，英汉翻译过程中所采用的归化与异化翻译策略是具有一定的差异性，一般来说应用归化策略较多，符合当前文化交流中翻译方法的规范性。归化翻译策略主要是将英语翻译成符合我国语言习惯的相应内容。根据需要理解内容的对象，将翻译内容向其语言习惯方向靠拢，翻译人员应该像用母语一样的语言表达方式来翻译外语内容。这样不仅可以帮助两种文化的人进行充分的沟通与交流，也能让异国读者更加了解文章的内容，提升译文的通俗易懂性。一般来说，归化翻译策略首先需要利用本国的语言习惯来归化所需要翻译的文本，然后针对文本中的一些内容翻译成本国耳熟能详的语言，最后再适当地标注上解释材料，这样才能充分地将原文与译文的意思达成一致，让两种文化的读者都能够理解文本含义。

利用归化方式进行英汉翻译时，往往会将读者的语言习惯作为翻译基础，在这个基础上尽可能将原文中所表达的情感与思想充分转换过来，并将原文中较为明显的英语语感转变成汉语语感，这样可以让读者产生一种较为流畅的译文感受。但值得注意的一点是，即使翻译人员将原文中每一个单词都找到了与之对应的汉语词汇，但所形成的译文与原文也会存在极大的差异，甚至所表达的思想与情感都发生了偏差。一般来说归化翻译策略主要有以下几种翻译方法。首先是意译方法，将原文的语言习惯完全修改成本国语言表达方式，通过用一种与表达意思极为相近，但语言表达方式完全不同的词汇来进行翻译。例如，在翻译"We parted the best friends."这一句话时，倘若进行直译，那么就会翻译成"我们告别了最好的朋友。"这种直译后的语言表达方式是较为奇怪的。而对其进行意译，就会翻译成"我们在分别时是极好的朋友，这种翻译方式就会正常许多。其次是取代法，这种翻译方法一般是由译者在不同语系中找到同样的表达方法进行翻译。

（2）异化翻译方法

异化翻译策略主要是将翻译源头语言作为依据，将原文的语言习惯与语言表述方式尽可能地保留下来，将原文作者所表达出来的文化内涵充分还原，让读者在阅读译文时不仅可以充分理解国外作者的思想与心理，还能感受到前所未有的异国文化。总的来说，异化翻译策略与归化翻译策略，其不同之处不仅在语言与文字上，更表现在思想文化方面的差异。在实际的翻译过程中，主要通过异化翻译策略将原文中的语言习惯与读者所表达的思想观念充分保留下来。在翻译的过程中使用异化翻译策略也是对当前社会文化的一种不相容态度。异化翻译策略主要表现为，首先在翻译过程中不必追求所翻译语言的语法规范与语言习惯，将原文中的语言习惯与语言使用方法充分保留下来，以此来更好地表现出国外文本材料所体现出来的异国风情，让读者在阅读译文的过程中能够感受到不同文化中的文学特色。

利用异化翻译方法进行英汉翻译时，往往是将原文作者的思想与表达方式作为翻译基础，在这个基础上尽可能地保留原文中的情感与思想，同时将原文中的语言表达习惯原汁原味地呈现到读者眼前。异化翻译策略主要有以下三种翻译方法。首先是音译法，如将"The Sword of Damocles"翻译成"达摩克利斯之剑"，表达为时刻存在的危险的意思。其次是直译法，这种翻译方法通常会保留英语中的文化特点与修辞含义。这种翻译方法不仅可以充分丰富英语词汇，还能提升读者的文化储备，这是一种能够完全保留原文文化特色的翻译方法，如"black humor"译为"黑色幽默"。最后是借用翻译方法，其翻译的主要方式就是文化之间的借用，将一种文化的特点引入另一种语言中去，这种翻译方法是文化交际后产生的必然结果。例如，"Read over the volume of young Paris face. And find delight went there with beauty's pen."就可以通过借用翻译方法翻译成"从年轻的帕里斯的脸上，你可以读到秀美的笔写成迷人的诗句"。

（3）强归化弱异化，两者翻译方法相辅相成

随着我国在国际社会的地位提升，我国与西方国家的交流也较为密切，各国之间的经济贸易、艺术文化之类的交流是极为广泛的，全球一体化的发展使得文化的融合性更加令人瞩目。英汉翻译的最终目的是让本国的读者能够通过本国的文字来充分了解国外的优秀文化，从而实现两国文化领域上的交流。在这个基础上，在翻译的过程中应该尽可能利用符合本国语言习惯的翻译方法进行翻译，由此可见归化翻译策略更加适合。在翻译过程中，应该充分对使用归化与异化的翻译策略进行规划，结合实际的翻译情况选择合理的翻译方法。在翻译的过程中，文章中所表达出来的实质性的文化内容要充分保留，其次在翻译的过程中还应该根据文章实际内容来选择归化及异化翻译方法，并不能单单只是用一种翻译策略进行翻译，归化翻译策略与异化翻译策略并不是非此即彼的，而是可以充分融会贯通，共同存在的，应该将两者充分结合，以归化翻译策略为主，异化翻译策略为辅的翻译方法。总的来说，将国外的语言翻译成本国语言，更有利于两种文化

的充分交融，互相学习优质的品质与精神。优质的英汉翻译可以让读者充分了解原文所表达出来的含义与内容。例如，一位聋哑人无法将自己的思想告诉别人，因此需要通过手语的表达方式来向别人传递信息，这种转换成手语的表达方式，也正是翻译的本质意义。只有通过翻译，才能让别人理解真实的目的与思想。此外，这两种翻译策略也是与时俱进的，随着时间的推移，一些异化翻译策略的表达慢慢地也会向归化转变，这是值得译者了解的。

（六）跨文化沟通视角下的其他翻译技巧

1. 相悖策略翻译技巧

为了实现语言之间的有效转换，译者需要综合考虑各种因素，如特定的语言和文化背景。只有掌握了语言和文化背景，才能从不同的角度看待语言转换，即语义翻译。因此，在翻译过程中，译者可以采用异化语言的翻译方法来实现两种不同语言和文化之间的有效转换，而异化翻译策略主要包括反语言和反语言形式。在英语翻译过程中，词性的使用是非常灵活的，可以利用这一特点来进行反义词的翻译。正负词的灵活转换可以增加句子的连贯性，使句子更易于阅读，从而提高翻译效果。在翻译过程中，译者不仅要根据原文的真实意思进行语言转换，而且要注意译文的流畅性。冲突语态的翻译是英语翻译中的一个重点，也是英语翻译中常见的问题。例如，在主动语态和被动语态的翻译中，汉语和英语在主谓词的翻译上存在很大的差异。

2. 长句翻译技巧

长句在英语中占很大比例，长句的翻译应根据原文的句式结构，分层次、分逻辑关系，然后根据汉语特点进行翻译。长句的翻译方法有顺译、反译和分译等。在英语中，若从句较长，但表达顺序与汉语相似，则可采用顺译，即基本上按照英语的语序，将从句分成汉语短句。若英语的表达与汉语不一致，如英语句子一般是先说主句，然后用分句来补充细节；或先交代结果，再说明原因，则译成汉语时，可采用反译的方法。一些英语长句，包含较长的定语从句、同位语从句及较长的短语修饰语，在排列顺序和表达方式上与汉语有很大不同，这时可以考虑打乱原文的结构，将修饰语单独翻译成一个或几个句子，用适当的一般用语将其与主语联系起来。

3. 隐喻内容意译技巧

英语各语段中经常出现隐喻，因此隐喻的翻译也同样值得关注。译文既是语言形式的转换，又是两种文化间的信息交流。作为一种跨文化交际活动，隐喻翻译同样需要遵循翻译规范。各种社会文化背景都可能制约着翻译功能的实现。隐喻在英语语句或段落的翻译中的难点在于每一个隐喻背后都有独特的文化背景。语言具有特殊性，不同的语言在译文中找不到相似的对等语，从而导致了这类隐喻在翻译中的缺失或曲解。

（七）跨文化沟通视角下英美文学翻译策略

英美文学翻译以尊重中西文化差异为前提，充分考虑文学诞生的实际背景，运用忠实理念，指导归化异化相结合、语言运用功能和翻译思维策略的使用，促进文学作品本身和译本价值的实现。

1. 坚守"忠实"理念，以尊重现实为前提

英美文学翻译的出发点和目标之一在于广泛传播以英美国家为代表的西方优秀文化，作品本身以英语母语为蓝本，被译为中文之后具有一定的传播效果，但是相比作品本身的形态和存在意义，译本部分内容的表达欠缺，难免会影响其传播效果。这就需要译者始终坚守"忠实"原则，做到最大限度地忠实于原文，从客观分析原作入手，对于原作者的出生年代、成长经历、创作动机、创作背景、作品主旨进行分析研究。对于原作者出生年代对应的时代背景，应通过查阅权威文献、影音资料等，筛选与作品关联紧密的内容，结合原作者的成长环境和经历，将其作为译本前言和背景说明进行翻译。对于原作创作动机，译者应多渠道进行考证，可以选择与有翻译相关原作者作品经历的同行进行沟通，或者与原作者所在国家的专门研究人员取得联系。如果是现当代文学作品，译者可以尝试与原作者进行联系，必要时针对作品主旨相关内容和较难理解的内容进行实地调研，最大限度还原作品产生的情境和基调，使得译文基调基本与其保持一致。在此过程中，译者应该明确英美国家与我国历史发展的不同特征，尽可能地避免在翻译过程中对原作创作思路"篡改"。尤其是作品相对应的现实与译者和译文所处的现实差别较大，而翻译本身就是一种创作，译者虽然无法做到完全还原原作创作思路，但是可以围绕保留本土文化独特性的思路，将部分不对应的文化载体进行合理转移或者保留，最大限度地明确原作所要表达的文化内涵，切实围绕尊重现实

的前提进行翻译实践。

2. 运用"归化、异化"策略，以尊重宗教人文为途径

在尊重现实的前提下，英美文学翻译中体现中西文化差异的关键因素在于翻译策略的应用。关于这一点，美国学者在20世纪90年代已经提出归化（同化）和异化的策略，对待文学中涵盖的中西文化差异，尤其是宗教人文等相关内容，或者采用归化策略，对等处理文化差异，降低原文本的理解难度，或者采用异化策略，暂时将文化差异的内容进行搁置，保留其差异性。需要注意的是，归化与异化并非完全对立的双面，而是相互承接、相互补充的关系，需要译者根据英美文学作品内容和翻译需求进行选择，同时考虑两种方法的价值联系。基于此，译者选择翻译英美文学时，首先应对英美宗教发展历史和现状有宏观的认识，尝试寻找与我国宗教人文相契合的点，灵活调整策略，适当利用中文表达西方文化的含义，将西方文化的风格和差异提供给读者，即通过异化策略将原文宗教人文寓意进行充分表达。由于不需要联想中国文化进行理解，在很大程度上降低了译本接受难度。译者还可以选择运用中国文化表达西方文化中晦涩难懂的内容，以降低原文本的接受难度。

3. 重视语言应用功能，以尊重语言逻辑为工具

英美文学翻译十分考验译者的语言运用能力，这也是翻译与语言学无法分割的具体体现，且中西文化差异下的英美文学翻译同时考查中英文语言应用功能和功底。根本上而言，东西方人的语言结构差异十分明显。在英美文学中，主谓宾结构的使用十分常见，但是中国文学中则是动词的使用较为频繁。在此宏观表现下，中西方还会采用不同的方式对各自不同的句式结构进行表达，以微观层面的区别彰显宏观层面的差异。总体而言，英美文学中出现较多的是树形语言结构，而中国文学以竹形语言结构为主。无论哪种结构，都是文学创作和翻译的基础，且英语作为低语境语言，具有直接性的表述特征，而汉语发展历史相较于英文更长，因此可以通过合理的语言应用和对应用功能的精准把握，充分涵盖英语句意。具体操作层面，译者可以采用伸缩法或者分合法。伸缩法，即译者将英美文学放置于我国文化语境中，且将英文词汇置换为不同群体都熟悉的词汇，可以对原文含义进行概括，使语言词语等内涵外延发生相反的变化，或者将原文的部分抽象词汇进行明确，赋予词语更多的内涵。分合法，即译者对原文语言结构进行分解、

重组，尽可能地规避不同文化语境下语言句式的差异。综合而言，译者无论采用哪种方法，都是以尊重语言逻辑关系为翻译处理方法，最终能够保证翻译的准确性，实现消除文化差异对英美文学负面影响的阶段性目标。

4. 优化翻译思维，以尊重受众需求为归宿

构建并优化翻译思维，是中西文化差异下英美文学翻译最为关键的因素。翻译与语言密不可分，进而与文学不可分割。文学语言相较于科技、医学等题材灵活性更强，而翻译具有科学性，因此可以说翻译是一门科学，翻译思维也具有科学性。鉴于翻译思维需要借助语言、文字得以实现，译者应以科学性为前提，以对英美文学内容和写作思维的正确认知为基础。首先，译者作为文学作品的"再造者"，应充分明确自身的翻译使命，以通过将英美文学转换为汉语并赋予其永不凋零的生命力为目标，将中西不同的思维体系进行有机交汇，尤其要深入剖析文学作品中的特殊语句，尊重受众需求，方便读者理解文学本身。当然，这只是构建并体现翻译思维的第一步，对于能够听懂并理解英文的读者，达到巩固其英语语言储备、提升其英语语言构成思维的目标，但是容易使读者形成英语思维定式，被限制在语法思维的所谓规则中。译者应警惕这一点，对翻译思维进行优化，杜绝"翻译腔"，将翻译思维与英美文学原创思维相融合，帮助读者在阅读英美文学和翻译作品时，能够以自身的思维去指导阅读和理解，而非以翻译的思维和习惯去指导阅读。译者等突破翻译思维，在进行英美文学翻译时，将自身定位为读者或者旁白，而非单纯的"译者"，跳过英文，用地道的中文将英文内容加以精准表达，或者跳过中英文语言层面，直接用中文表达对原文的正确理解，彰显自身的沟通能力。换言之，优化翻译思维，即建立英语、译者和受众经历、平时接触到的景象和情感之间直接或者间接的联系，使读者在阅读翻译时产生身临其境的感觉，能够不自觉地将情感融入阅读中，实现对中英文思维转换自如和理解游刃有余的目标。

第五节 小结

文化差异是归化和异化的根本生成动因，涉及语言、文化意象及对待文化差异的态度等多个维度。在语言层面，因为评论家和出版商更注重翻译作品的可读

性，所以以目的语为归宿的原则似乎一直略占上风。而这一倾向也与翻译研究发展的趋向一致。但随着跨文化交流日益深入，人们对于文化差异的包容度越来越高，"归化"原则逐渐应用得更加广泛。不论如何发展，"归化"和"异化"两种翻译策略永远共存，缺一不可。两者的关系都是动态的、辩证的，而非二元对立，截然分明的。

  在翻译实践中，译者确定主导翻译策略时应当持整体观与历史观，不应僵硬死板地去选择。除了策略层面，也不能忽略其伦理层面的意义。从翻译伦理层面而言，异化不仅是尊重文化差异的重要途径，更有益于实现跨文化交流的终极目的。

第七章　跨文化沟通与高校学生英汉思维模式转换

本章为跨文化沟通与高校学生英汉思维模式转换，主要从语言运用与跨文化思维原则、跨文化沟通与思维构建、跨文化沟通能力的培养与高校英语教学等方面展开论述。

第一节　语言运用与跨文化思维原则

一、中西方修辞差异概述

英语和汉语表达中都会采用各种修辞手法。由于文化上的差异，在两种语言中并不是所有的修辞手法都是一一对应的。英语中有些修辞手法汉语就没有，如 alliteration、hendiadys、paradox 等；反之，汉语中也有英语中没有的修辞手法，如换算、设问等。

各个民族的自然环境、社会文化背景和风俗习惯不同，比喻也各有特色。例如，汉语用"四面楚歌"来比喻处境孤立无援，而英国历史上没有这个典故，故没有这个比喻。但是，英语用"meet one's Waterloo"来形容"一败涂地"。英语中，文学类表达比较注重使用明喻、暗喻和排比等手法。例如：

My heart was beating in big thumps, like howls happening in my chest.

A house divided against itself cannot stand.

Intellect is to the mind what sight to the body.

汉语里也经常用到比喻或排比等手法。生活中我们经常听到"脸像红红的苹果""银铃般的笑声""金子般的心灵"等表达,而且在汉语教育当中基本是鼓励使用修辞手法来表达。在文学作品中,修辞手法就更常见了。例如:

①由于注射了科学这支强心剂,县制药厂一年就扭亏为赢了。

②春天像小姑娘,花枝招展的,笑着,走着。(朱自清《春》)

关于排比,英汉认识基本一致。无论是英语还是汉语,如排比结构严整,声音上的抑扬顿挫,就会给人一种美感。在英语中,这种手法主要是在评论性表达中使用,有时在政治性文章,如演说等大量出现,目的是增强气势,引起读者的重视。例如,We shall fight him by land, we shall fight him him by sea, we shall fight him in the air.

而汉语中,排比句式的用途会更广泛一些。翻开任何文章,排比随处可见,在演说词、议论文、杂文、散文都有较高的使用频率。英汉在排比用法上也存在一定的差异:汉语习惯将句子甚至段落平行,而英语通常习惯将句子或短语并列,较少使用段落。

二、应对中西修辞差异的跨文化思维原则

(一)内外有别原则

与来自不同文化的西方人交往时,坚持内外有别原则是实事求是的表现,也是由中西修辞在处理话语者与受众的关系方面的差异性所决定的。内外有别原则要求我们首先要尊重他国文化,不能想当然地把自己文化里的东西强加给别人,否则就会造成文化交流失败,甚至文化冲突。

(二)积极参与原则

中国人在语言运用方面恪守"言多必失"的原则,这一原则有它合理的一面。但是在跨文化交际中,如果一方坚持"慎言、寡言"的态度,则会造成交际的"冷场",结果也可能就是"一个巴掌拍不响"了。在这方面,中国人(从总体上说,性格较内向)应该学习外国人活泼开朗、健谈的性格特点。当然,我们也要学会交际的规则,在对方说话时,做一个"好听众",认真听懂对方的话。

(三)直线思维原则

中西方思维方式有着不同的特点。比如,中国人和日本人的思维方式往往以直觉、具体和圆式为特征。西方人往往习惯于直线式思维。他们径直提出要求,开门见山,对原因的陈述则可有可无。

鉴于中西方在语言运用的思维方式上存在较大的差异,我们在交际中应讲究跨文化思维的原则,以免引起误解。

第二节 跨文化沟通与思维构建

一、跨文化沟通中的认同

(一)文化认同

文化认同主要指个人对于一个特殊文化或者族群所具有的归属感。文化认同包括对本族文化与异质文化的认同。对文化本体的认同、对家庭、家族等血缘关系的认同等都属于对本族文化的认同。这类认同主要经由社会化过程而自然形成,如对于一个出生于四川的人来说,通常他(她)先学习的是四川话,并且需要认识、了解与自己成长环境密切相关的风俗习惯、饮食穿着、社会结构、价值观等文化内涵。一经社会化,我们也就与自己的文化群体相融合,建立了对本族文化根深蒂固的归属感。对于异质文化的认同主要包括对本国不同族群的认同,以及对不同国家民族、种族文化的认同等。受文化差异的深刻影响,这类认同常常与自己的本族文化认同发生冲突,因此建构此类认同的难度常常很大。例如,在大多数西方国家,人们很重视"隐私",无论是具体的生活空间还是抽象的思维空间,这往往意味着有一些事情只属于个人,而不适合公开谈论,如钱。但在中国,"钱"却常常是人们聊天的一个主要话题,比如今天买菜花了多少钱,身上的衣服多少钱,有时甚至会谈及工资。这样的聊天内容就让西方人很难适应,更谈不上让西方人去认同中国的这种当代文化了。

(二)社会认同

社会认同是个人在一个文化内,因为隶属于某个团体而形成的。只要个体能够接受团体成员共同认同的看法与关心的事，对该团体的归属感就产生了。社会认同是自我概念的一部分，起源于一个或者多个社会团体的成员身份及对该团体的相关评价。也就是说，自我概念的形成一方面来源于对个人的认同，另一方面来源于对自己社会身份的认同，以及他人对自己社会身份的认同。下面，我们将介绍与社会认同相关的两个核心概念及社会认同理论，它们对于跨文化沟通研究有着显著影响。

二、价值观与跨文化沟通

（一）中西文化价值观的形成原因

文化价值观主要指人类群体认为正确的、有益的或有价值的特点和信条，而在民族与国家的层面上，文化价值观却指拥有"一体适用"与"系统性"的价值观。譬如亚洲人注重地位、仪式及习俗，而澳洲人、加拿大人、美国人、英国人则重视平等和率直（忽视繁文缛节）。简而言之就是在文化层面上，不同国家及民族对不同文化形态的重视程度。文化价值观的形成，与特定的历史文化、地域文化及民俗文化拥有鲜明的内在联系，应从文化发展的层面上探究出相应的形成原因。然而，在现代文化的影响下，文化价值观又受到家庭因素的制约，并形成鲜明的差异性特征。

1. 家庭因素

家庭是社会最重要的组成单位，是社会最重要的组合关系。而社会个体在家庭成长的过程中，首先会受到家庭环境与家庭教育的影响。但在文化价值观形成过程中，蕴含丰富历史文化理念的现代文化会通过家庭长辈传递给家庭成员，并在个人理念和思想的加工下，形成全新的文化价值观体系。这种文化价值观体系的形成与发展是以时代、社会及文化变迁为抓手的，是通过现代文化的发展与流变所形成的独特价值观念。在主流思想上，美国社会的文化思想是个人权益与言论自由，而中国的主流思想是集体思想与家国情怀。在现代文化体系的感染与影响下，家庭长辈会根据自身的人生经历及情感，对相应的文化价值观体系进行筛选与调整，并以此形成全新的文化价值观机制。家庭成员在该机制或体系的影响下，会形成与社会主流价值观相适应或相背离的价值观形态。

2. 历史因素

如果说家庭因素是在现代文化与社会氛围的影响下，促使中西两国形成文化价值观的直接原因，那么历史因素就是在历史文化、民俗文化及地域文化下促使两国人民形成文化价值观的间接原因。在中西方的历史差异上，主要存在等级观、伦理观上的差异。首先是等级观。等级观主要指尊卑有序的价值观念，是社会发展的基本要素。我国在历史文化传承与发展中的连续性，使等级观念在社会经济、政治及文化建设中得到有效渗透。譬如，宗族的等级机制、家庭的长幼有序等。此外，我国长期受儒家思想的影响，会形成较为鲜明的等级体系。而美国的历史文化没有较为悠久的历史体系，并且在国家建设过程中，英国、法国、德国等国家的移民大量地流入美国本土，形成激烈斗争态势，因此美国人的等级观念较为淡薄，强调身份和地位的平等。其次是伦理观。我国受儒家文化的影响，能够将"义""孝""忠"作为行为准则，能够严格遵循传统的伦理观念。然而美国人并不强调复杂的伦理关系，而是确保自己的权益和义务的平等，譬如美国父母不会为"血脉关系"来照顾子女，子女在某种程度上也不会拉近自己与父母的关系。

（二）价值取向的差异在跨文化沟通中的体现

在跨文化沟通过程中，中西文化价值观差异主要体现在言语表达、人际关系及公共礼仪等层面上，这种文化价值观的差异容易导致中西方人民在理解问题和文化交流的过程中出现诸多的偏差，严重影响跨文化交流的质量与水平。

1. 情感表达

从中国广告语中不难发现，当中的感性因素较多，这与中国人委婉的情感表达方式有直接关系，可以引发受众产生情感共鸣。比如：长虹牌电视机的广告"天上彩虹，人间长虹"，采用了非常明显的迂回曲折的表达方式，应用了比喻手法，将自己的产品与天上的彩虹联系到一起，从而吸引受众注意力；威力牌洗衣机的"妈妈，我又梦见了村边的小溪，梦见了奶奶，梦见了您。妈妈，我给您捎去一样好东西。威力洗衣机，献给妈妈的爱。"通过创设情境，采用了第一人称，婉转地表达了对母亲的关爱，使得受众感受到商品所表达出的情绪传递，从而拉近受众与品牌之间的距离，无形中产生信赖，最终获得相应的宣传效果。

对比之下，西方人理性情感更加突出，所以在广告用语上较为直接、自信。

比如，理光复印机的"We lead, others copy."意思为"我们领先，他人效仿"。此广告表达直接、简洁，体现的是一种对自己产品的自信。

2. 词汇运用

（1）英语一般词汇

按照风格划分，词汇主要包含了口语词汇、正式词汇、普通词汇。其中，正式词汇主要应用到较为正式的演讲、科学性、学术性作品中，几乎不会使用到广告语中。在英语广告语中，通常都会使用较为简短、精练的词汇，主要目的是让受众更容易接受产品信息，所以大多为普通词汇。比如，英语中的"you"和"one"属于普通词汇，但"one"更加正式。所以，在广告语中，经常会使用到"you"。

例如：You asked for it. You got it.（Toyota，1970s）

Guinness is good for you.(Guinness)You can be sure of Shell.(Shell,1982)

代词"you"的使用，如同两个老朋友之间聊天一样，使得这些广告语更接地气，拉近了产品与消费者之间的距离，从而吸引更多的消费者关注、产生购买欲望。在英语广告中，也会使用一些口语表达、其他普通词汇。如"Ask for more"（Pepsi）；"Let's make things better"（Philip）；等等。在这些广告语中，主要应用了祈使句、简单陈述句的表达方式，此种方式可以给予消费者一种亲切感、熟悉感，读起来不会绕口。此种口语化表达方式能够较好地拉近广告产品与受众之间的距离，让大众更容易接受产品，为产品的营销奠定了良好基础。在这类广告语中，受众可以在很短的时间内，获取到有关产品的关键信息，产生购买产品的消费欲望。

（2）汉语正式词汇

中文广告不同于英语广告语，在中文表达时，更多会使用到正式词汇，引经据典居多，也会利用到诗词歌赋等内容。比如，白云边酒的广告语"且就洞庭赊月色，将船买酒白云边"，引用了李白的诗句。主要是因为李白有"酒仙"的称号，喜好饮酒作诗。通过引入汉语文化，容易加深消费者的记忆，同时也可以更加丰富该产品的文化内涵，这一点非常符合中国人的思想与理念。

3. 言语表达

美国人在来到中国后，会对中国文化、中国社会及中国习俗产生浓厚的兴趣，并积极主动地融入中国社会中。但中美两国人在文化价值观上的差异，导致其在语言表达上存在诸多的问题。首先，美国人缺乏等级观念和伦理理念，在言语表达的过程中，会将真实的想法表达出来，并不会考虑当时所处的社会环境和交际环境，因此美国人所表达的内容与所处的环境发生冲突，进而导致跨文化沟通活动出现诸多的不和谐因素。而中国人在表达自我与抒发情感的过程中，会相对的含蓄委婉，会频繁使用潜台词和比喻来表达自我的思想。因此，在跨文化沟通时，美国人会难以领悟对话的要领，并常常将交流重点集中在语言词汇的层面上。其次，在自我空间的界定上，美国人对自我空间的重视程度较高，并将其视为个人隐私的重要组成部分。因此，在言语表达的过程中，会回避年龄、收入、家庭成员等话题，而我国缺乏对自我空间的重视，经常在朋友或同事间谈论相关话题。最后，在自我表现上，美国家庭倡导自由平等、开创探索的精神，所以美国人在言语表达上会积极地突出自我、表达自我，呈现自我，并通过肢体语言和表情语言来展示自身的独特性。而中国人则会尽量地隐藏自我，将情绪和情感掩藏起来，所以在交流中，会略显被动。总而言之，在言语表达的层面上，美国人拥有直接真实且注重隐私的文化价值观。而中国人则拥有委婉含蓄且畅所欲言的特征。在言语表达中更倾向于谈论彼此的"隐私"（西方文化价值观体系中的隐私）。

4. 人际关系

在探究中美两国文化价值观在人际关系上的差异前，需要明确朋友与友谊在两国文化价值观上的不同。由于历史环境及社会结构的关系，美国人所接触的人群较为宽泛，且接触交流的时间比较短暂，因此美国人习惯将陌生人称为朋友，并会快速地淡化这层关系，结交并认识新的朋友。而在我国有"知己"一说，中国人更加看重"朋友"的长远，愿意在"友谊"上投入更多的时间。因此在两国的人际关系上，美国人会淡化朋友的概念，人际关系较为浅薄。而我国则注重人与人的联系，人际关系较为扎实。这种文化价值观上的差异与两国的社会氛围、文化理念有着密切的联系。我国社会注重集体主义理念和思想，关注自身和集体之间的联系，所以在人际关系层面上，会注重人与人之间的内在联系，会在社会活动中给予或寻求"朋友"的帮助。而美国人则拥有较强的"独立意识"和精神，注重自身的权益，因此会缺乏对"集体"的思考，忽视他人在自身职业发展、情感塑造及社会活动中的作用，并且认为过度看重"人际关系"，将会导致自身的"私人空间"受到影响和破坏，因此美国人会有意无意地疏远"他人"。

5. 公共礼仪

公共礼仪主要指社会个体在交际交往的过程中，所表现出来的谈吐举止，包括举止、语气、言语等方面的内容。虽然我国被誉为礼仪之邦，然而在公共礼仪的层面上却存在诸多的问题，譬如大声喧哗、随地吐痰等。而美国人虽然个性张扬、思想开放，但却非常注重公共礼仪和公共秩序，能够根据不同场合做出不同的表现。此外，在特定的场合中，我国非常注重公共礼仪，譬如会议、活动、宴会等活动中，国人的礼仪观念较为明显，然而美国人则会忽视这方面的礼仪。其原因在于中美两国在文化理念和思想上存在明显的差异。

在跨文化沟通背景下，中美两国的文化价值观存在明显差异，导致两国在文化交际过程中，存在诸多的误解或误会。而通过探究中美两国的文化价值观形成原因，能够帮助我们更好地了解和对比两国在文化价值观上所存在的差异，能够更好地帮助两国人理解彼此的文化背景，进而为推动我国的国际化发展，奠定坚实的基础。

二、跨文化沟通中的文化迁移

（一）文化迁移模式

1. 文化负迁移

（1）词汇中的汉语负迁移现象

学生在学习过程中常常出现词汇中的汉语负迁移现象，其中包括词性、词语搭配、词序和词汇语用四个方面，以下将逐一分析。

①词形迁移。

一个汉语单词，可以有几个不同形态的英语单词与之对应。例如，汉语中的"张贴"，英语中有四种不同的词形与之对应。

张贴：post（动词原形），posting（现在分词），to post（不定式），posted（过去式/过去分词）。

上述例子表明，英语词汇可以通过加前后缀的方法构成不同的词，但基本词义不变，而汉语没有这种词形上的变化。因此，词根相同的几个英语单词可以翻译成一个汉语意思，而一个汉语单词可以翻译为几个不同的英语单词。如果没有很好地掌握英语词形变化规律，那么很难在词形不对等的情况下，寻找英语中对应的词来表达。

②词语搭配迁移。

词汇是句子的基本结构单位，汉语词汇以汉字为基础，而汉字是汉语学习者最困惑和难以学习的方面之一，汉语是一种意合的语言，而英语是一种形合的语言。在现代汉语中语素是以单音节为主的，双音节词占优势。在从古代汉语发展到现代汉语的过程中词汇有了明显的双音节化趋势，合成词的内部构造跟短语的内部构造一致，主要有五种，主谓、动宾、偏正、联合、补充，广泛运用词根构词法。而英语词汇不同于汉语词汇，英语单词是拼音文字，它的读音和拼写是紧密相关的。英语词汇中有很多一词多义的现象，同一个词有多种搭配及习惯用法。

一个英语单词往往和不同的词搭配就可以表达不同的意思。例如，切蛋糕"cut cake"、雕刻玻璃"cut glass"、插嘴"cut in"这几个词组都是用的同一个动词"cut"，而这些在汉语中则需要明确区分，分别用"切、雕刻、插"等截然不同的动词来进行搭配。这对于第二语言是汉语的学习者来说是一个困难之处。

此外，英语中的词汇搭配分为自由搭配和固定搭配。

例：He didn't leave the key.

他没有留下钥匙。

She gives the impression of being very busy.

她给人留下的印象是特别忙。

The moon cake is eaten away, but the sweetness remains.

吃下月饼，留下甜蜜。

The detective followed the rut made by the jeep.

侦探追寻吉普留下的车辙痕迹。

由以上例句可见，汉语中的"留下"在不同的英语情景下，词语搭配是不同的，这是自由搭配。而英语中的 all kinds of（各种各样的）、be strict with（对……严格要求）则属于固定搭配。英汉两种语言尽管有许多单词在意义上大致对应，但几乎没有几组单词词汇功能相同。因此，受母语干扰，学习者会认为英语单词搭配与汉语翻译是一致的，从而造成不当搭配。

③词序迁移。

例：东—南—西—北

east — south — west — north（错）

north — south — east — west（对）

汉语中的东南西北与春夏秋冬四季有关。一年四季星相不同，北斗星柄春季指向东方，夏季指南方，秋季指西方，冬季指北方。英语中的表达是根据西方人习惯于按照祷告上帝画十字的方式来表达的。学生会将母语体验性迁移到英语表达中。

此外，语言的理据性特点是指语言的意义与形式是存在一定关系的，是有据可查的。语言符号是在当时的社会文化环境和认知水平制约下的必然产物，必然受社会、文化、心理等因素制约的理性的联系，这些联系就是语言符号的理据，隐藏在语言背后。英语句子侧重具体分析，重视语言形式融合，句子逻辑关系靠连词、关系词、不定式、动名词来实现。句子往往先说核心内容，或先表明态度、观点，再逐步分析。

④词汇语用迁移。

如果学生一看到英语词汇就套用词典上的解释，加上自身以母语为准，就会造成理解偏差。只有对语用特质敏锐的信息接收者才能正确解读信息。这种语用特质敏锐度包括哪些是常用的、哪些是典型的、哪些是最有可能的语义知识。有了这种语用特质敏感度，学生才会推敲意义，了解自然的外语。

例：This discovery shines a light on what may become possible in the future.

这项发现为未来带来了希望。（错）

这项发现让我们看见未来有可能会如何。（对）

"shine a light on"被误解成"唤起希望"，可见译者没有掌握"使……更清楚些"的实意。

You owe it to yourself to be the best you can be.

不做到最好就是对不起你自己。（错）

尽力而为是做人的本分。（对）

"owe"误解为欠（债、情、账），"owe it to yourself"被误解为对不起自己，可见译者没有掌握"自己有必要，有责任……"的实意。以上例句中词意义的变化因素就是字词在情境、语境中的应用。这种理解鸿沟在词作为习语或譬喻的一部分时表现明显。

⑤亲属称谓上的负迁移。

与此类似的还有亲属称谓等,英语中的亲属称谓比较简单,而汉语中的亲属称谓复杂且划分详细,汉语中非常重视长幼有序,因此在汉语中一定要严格区分辈分。以最简单的"cousin"为例,在英语中"cousin"囊括了表哥、表姐、堂哥、堂姐等一系列称呼,而在汉语中则详细分为表哥、表姐、堂哥、堂姐、表弟、表妹、堂弟、堂妹八个称谓。再比如,汉语中细分为祖父、祖母、外祖父、外祖母等,而英语中祖父外祖父都称为"grandfather",祖母、外祖母都称为"grandmother"。外国人学习汉语时表哥堂哥分辨不清,而中国人学习英语时不理解"cousin"到底指的是表哥还是堂哥。这会对学生学习外语或第二语言形成干扰或阻碍作用,形成负迁移。

(2)语法方面的负迁移

英语是形合的语言,而汉语是意合的语言。汉语常常借助语序和虚词作为表达语法意义的手段,英语是靠形态变化来表达意义,它的形态变化包括时、体、性、数、格、语态和人称等。在英语中名词有着单复数的变化,分为可数名词和不可数名词,而汉语中则没有单复数的变化,有些词会在其后加"们"来表示复数。例如,在英语中,I的复数形式是"we",而在汉语中则是直接从"我"变成"我们"。汉语还会使用不同的数词和量词来表达不同的含义,汉语中有丰富的量词,不同的事物用不同的量词来搭配,如一桶水、一朵花、一条蛇,一道菜、一只狗、一头牛等,汉语中的量词往往有倾向性,同样是表示人的量词,但是"一位英雄、一帮歹徒、一群匹夫"这三个短语表达出来的意义则截然不同,"一位英雄"是明显的褒义词,而"一群匹夫"则带有明显的贬义色彩,"一群、一帮"之类的词很容易让我们联想到动物或者是其他反面色彩的词,如在汉语中常用的"害群之马"。如此种种,不胜枚举,这些丰富的量词往往给学生造成困难,形成负迁移。

(3)文化方面的负迁移

中国文化深受儒家思想影响的文化,而英语国家的文化则深受希腊罗马文化及基督教文化影响,两种文化在几千年的发展中展现出截然不同的内涵与特征。

在语言上最明显地体现为对于相同的事物展现出截然相反的感情色彩与文化内涵。例如，同一种植物在英汉语言上却有不同的文化内涵。

汉语中有丰富的赞美松柏的诗句，还有无数的文人墨客用松柏来比喻自己坚强不屈的品格。大诗人李白在《南轩松》中赞美"何当凌云霄，直上数千尺"，毛泽东也赞美松树"青松怒向苍天发，败叶纷随碧水驰"。赞美松柏的诗句不胜枚举，可是英语中的"pine"却没有坚强、长寿等含义。在英语中松树反而常常被用来形容高大却无用的东西。类似的还有梅花，文人多用梅花来比喻自己的坚贞高洁，在英语中梅花则没有特殊的含义。

除此之外，在对待动物方面，不同文化背景下的人们对于不同动物的态度也存在很大的差异。在中国文化中，龙是一种高贵的神兽而不是普通动物的一种，龙在很多中国神话故事中出现，掌握着神奇的力量，能兴云雨、利万物，并且普通中国老百姓对龙抱着一种敬畏之心，封建王朝的皇帝往往把自己比作"真龙天子"，历代帝王使用以龙为装饰的器物，只有皇帝才能穿龙袍，除皇帝外的任何人只要穿龙袍就是僭越大罪。而在英语文化中，龙则往往代表着邪恶，是一种会喷火的怪兽，常常在神话故事掠夺财宝、抢夺公主。在英语文化中的龙长得像蜥蜴，这与中国文化中的神兽形象截然相反。

这些文化方面的差异是最大的也最难以学习和理解的，学生在语音语法方面的差异可以通过短时间的练习来获得进步，但想要弥补文化方面造成的差异则必须要求学生深入了解目的语文化，必须经过一定的时间及文化融入，甚至有的学生一辈子也无法理解这些文化方面的差异。而这些差异最容易造成负迁移，让学生产生怀疑甚至厌烦排斥心理。

2. 文化正迁移

（1）语法方面的正迁移

英语和汉语的陈述句语序基本一致，都是 SVO 结构，即主语 + 谓语 + 宾语，如"我喜欢花"，英语为"I like flowers"。而世界上的许多语言都是 SOV 结构，如日语，所以许多中国人在学习日语时会在语序方面产生负迁移。而汉语和英语在陈述句上语序的一致有利于产生正迁移，帮助学生理解和吸收。

（2）词汇方面的正迁移

词汇是语言的建筑材料，无论是语法还是句子都要依托词汇来进行，失去了词汇，语言就是空中楼阁，没有词汇，任何东西都无法传递。词汇的产生有其必要的社会基础与社会需要，并不是凭空产生的，所以无论是哪个国家的词汇都有大量的相似之处，都存在一些完全对应或者基本对应的词汇，这些词汇一般是基础词或者名词，如太阳、月亮、车、土地、树、电话等，这些词汇在不涉及特殊句意的时候一般不会产生误解或者不理解之处，这种词汇通常可以直接进行翻译理解，一般可以产生正迁移。

3. 文化零迁移

从宏观上来讲，只要进行翻译与文化交际活动，就会有信息的交流与传播，不同的语言文化之间就会相互影响，产生迁移。因此，绝对意义上的零迁移是不存在的。但从微观层面观察，迁移量极少或趋近于无的现象并不罕见，故零迁移是客观存在的。

文化具有独特的民族特色，是不同民族在其特殊的历史与地理环境中创造的。但是，文化毕竟是共性与个性的统一体。人类共有一个客观的大自然，生存在同一个物质世界里，对自然和人的本身有着许多共同认识，因而在不同的文化中必然存在许多完全相同的概念。譬如在英汉两种语言中，关于天体植物、动物、人体器官的各种名称在指称范畴内是完全对等的。即使像习语这样带有强烈的民族特性的语言成分，在不同的语言文化中也客观地存在对应现象。习语在不同文化之间有三种对应情况：完全对应（full equivalence）、部分对应（partial equivalence）和不对应（no equivalence）。其中，完全对应是指源语和目的语中习语在形式和意义上的完全对应。虽然使用不同语言表达，但其设喻方式、表达内容、形式与风格却基本一致，这无疑反映了人类语言文化的共性。例如，"bum one's boats"与"破釜沉舟"，"walls have ears"与"隔墙有耳"，"pour cold water over"与"给……泼冷水"，等等，有异曲同工之妙。

直译是零迁移得以实现的主要途径。其基础是人类思维与文化存在着共性，在表达同一概念时，不同语言中有许多相同的形式。在翻译过程中，使用直译法既忠实于形式，又准确传达了原文意义和信息，对目的语的文化迁移便几乎没有发生。下面是几个不同层面的例子。

词汇：stone（石头），sun（太阳）。

习语：to return good for evil（以德报怨）。

句子：His arguments lacked force.（他的论点缺乏力量。）

这种形式和意义都对应的巧合现象，反映了人类思维与语言的共性。但这种现象往往出现在较低的语言层次上，而绝对的直译也就通常是在较低语言层次上的翻译。因此，零迁移出现的可能性是较低的。

（二）导致文化迁移现象的因素

由于中西方文化的差异，中英文的语言要素差异也较大，且这种差异产生母语负迁移现象。

1. 文字的差异

文字是人们用表意符号记载和表达思想与信息以代代相传的方式和工具。文字和词汇是语言学习的基础。

汉字是世界上最古老的文字之一。意音文字是由表示文字意思的象形符号和表示字读音的声旁组成的文字，中国字是由表形文字进化成的意音文字。汉字由形旁、声旁和配旁三种元素构成。和汉字对比，英文是字母文字，它借用了26个拉丁字母，如果将每个单词的字母拆开，则失去了其原有意义，只有将拼写字母都连起来读写，单词才呈现出表达的信息内容。

文字和词汇的使用集中体现了不同文明孕育出不同种族千差万别的思维方式和性格特点。华夏儿女源远流长的主流思想是重大局、重整体、重团结、重和谐。这种民族特点被形象地赋予在中文汉字的形态上。汉字在书写时对结构的对称均匀十分讲究，这点特别突显中华民族的中庸之道。然而，西方人更加注重个人主义、独立自由等方面，在英语单词中，也反映出西方人的此种特质。比如"i"这个字母，把它大写，意思为"我"，26个英文字母，只有"I"单独成词，并且具有意义，展现西方人对自我意识的重视。

汉语和英语使用不同词性的词汇，致使采用的句法结构也千差万别。汉语的语言结构是动态的，擅用动词表达思想和动作的意义。在汉语中，动词出现的频率很高，汉语的倾向为动态性呈现。英语的语言结构是静态的，经常使用名词或者其他词类来进行动作的表达，名词可为动词的同源名词。在英语中，一句话有且只有一个谓语动词，因此英文的造句会受到诸多限制。由于这种限制，动词出现名词化现象，即英语语言由动态性变为静态性。动词的形式进行改变，符合英文语法结构，但是其内涵与意义得以保留。比如"我支持你"这个中文表达，翻译成英文可以为"I support you."但是结合英文的语言结构特点看,翻译成"I give you my support."会更加自然贴切。汉语动词较多,所以表意时通常用简洁的动词,而英文名词相对较多,所以常用名词形式增加句式表达的多样性。

中英文文字和词汇归属不同,母语是汉语的学习者对英语单词与词组的记忆和使用会出现干扰。这种情况更多出现在英语语法学习中,如学生会省略单词the、a、an等,或者省略表复数形式的"s"等,此类错误是母语负迁移的表现。在汉语中,直接用数词表达单复数,并不强调词汇形式的改变,汉语不同的语言习惯是英语学习者二语习得的"拦路虎"。因此,了解中西方文化文字和词汇的差别,在语言学习中,重视词汇形式的变化,对精准、地道地进行英语表达至关重要。

2. 文章结构和句法结构的差异

中英文在文章结构、叙事方法、句型系统和句式结构上有着显著不同。中国人用辩证的观点看问题,找到不同事物彼此联系的相似处,以"中庸"的方式处理问题。这种模式注重具体和直觉,而对论证和逻辑思维不甚在意。然而,西方人是"分析型"的思考方式,更注重部分细节的解析。西方人强调以实证为依据进行论证,更重视逻辑思维和抽象思维。

以上中西方人不同的思维模式折射出中西方不同的文化理念,这种根深蒂固的文化基础造成中英文在句式和句法结构上的差异,导致汉语语言负迁移的产生。在英文写作和表达中,中国人常常出现内容冗长且观点不清晰等问题,此类行文思路是汉语母语负迁移的突出表现。

中文文章通常为"螺旋式"结构。中国人表达方式的特点是,首先从一个侧面切入,先铺设事情发生的情境,以及故事的来龙去脉,慢慢进入主题,最后画龙点睛,阐明中心思想。这种文章特点与中国人追求谦逊委婉、低调沉稳的处世之道息息相关。因此,在中文写作中,人们常把时间、地点等信息一一列举出来,再阐述其造成的后果。

英文文章为"直线式"结构。直接点出主题,开门见山,表达态度和观点,突出要点,再具体逐步展开论证。所以英语文章中会有很多复合句和从句套从句的"套叠句",即英语的长难句。英语作文中,句子要有逻辑性,层次论证要清晰,先强调结果,之后才具体分析各个因素。所以在英文句子中,谓语动词常常出现在句首。如果主语太长，就要把修饰主语的成分后置。例如，The idea that the greatness of people can be judged by those who live after them rather than their contemporaries is partially right to me. 如果按照以上英文表达书写，主语就太过冗长，因此更地道的英文表达应该把修饰主语的同位语后置，句子变为：The idea is partially right to me that the greatness of people can be judged by those who live after them rather than their contemporaries. 这样不仅避免了英文表达中的头重脚轻之感，也更加符合英文的语言规范。

中文是非形态语言，其句法结构注重意合。中文通过上下文的语境和语义表达语言的逻辑，思维方式直接外化于话语表达，故中文不特意地强调句子各成分的所属关系，使用词汇时并没有出现很多辅词和助词。而英文是形态语言，英文的句法结构特别注重形合。英文突出句子各部分间的逻辑关系，如转折、对比、并列、让步、因果、条件等。句法结构的形合需要通过英语词汇的形态变形和形式变化来实现，并且英文需要使用关系词和辅助词突出句子各成分间的所属关系。英文句法结构十分注重语言形式，这样的语言特点与西方人重理性、重论证的文化渊源有千丝万缕的联系。

汉语运用横向线性排列式结构组织语言。汉语本身文字和语言，利用语序和语义呈现语法关系表达在形态上不产生变化。动作的顺序与句子语序一一对应，以某一概念或者意群为中心，再具体详尽地展开阐释，这样的句式结构像竹子一样通达简易，故中文句式被称为竹形句式。而英语在主谓宾主干表达的基础上，要运用大量的词汇形态变化和时态变化呈现句子的语法关系，这样就形成了句式结构上的树形形态。

中英句式系统也截然不同。中文的构句系统为"分散式"，按照先次要后主要，头大尾小的模式排列句子，和中文文章特点也相互呼应。而英文构句系统为"聚焦式"，形成先主要后次要、头短尾长模式，并且被语法框架制约。英文的语序结构必然伴随着纷繁复杂的语法句法规则。

汉语对英语句式和句法结构的学习产生负面影响。例如，中文句子通常较短，当学生看到关系句众多的英语长难句时，理解十分吃力，这也是语言学习的难点。因此，在语言学习中，增加中西方文化的对比，并熟悉这些文化差异引起的母语负迁移现象有助于学生多角度、多层次、全面地学习英语。

3. 表达方式差异

一是句子语法功能的隐含和外显特征。汉语语法呈现隐含性，词汇没有词形变化，时态无变化，语法形式表达主要靠词汇来完成；而英语语法呈现外显性，每个单词都有自己的词类标志，单词有着词形变化，句子逻辑主要靠连词、关系词、动名词、不定式等来完成。二是句子逻辑顺序。汉语语序相对固定，而英语语序相对较灵活。例如，复合句中汉语语序按事情发展先后、事物主次，而英语可逆性大于汉语句子，会有之后的行为前置现象。三是句子成分差异。汉语句子主语可以是很多词类，而英语主语必须是名词、代词、动名词等；汉语中可以作谓语的成分很多，而英语中只能是动词；汉语的宾语分为名词性和谓语动词性宾语，而英语的宾语一般是名词性词语。

4. 时态的差异

汉语不重视语言时态的使用，无论是在古汉语还是现代汉语中，都不强调动词时态的意义。因此，在中文表达中，对动作的时态不做强调。时态的表达形式也较为简单：加上一个时间状语或虚词，如"着""了""过""不久"等词，以鉴别过去、现在和未来的时态。例如："她吃过饭了。""我正看着电视。""不久，我弟弟就要参加高考了。"但相比英语和其他语言对于时态精准的区分，中文的时态表达仍然是弱化项。

而英语有严格的时态差异。英语有16种时态，英语表达特别重视对过去现在和将来时态的对比。西方人推崇环环相扣的逻辑推理，看重对事情经过明确清晰的描绘。所以在英文写作和口语表述时，要正确运用不同的英语时态。例如：I will go to Tibet next week and I see numerous mountains. 通过对时间状语的分析，我们可知这件事发生在将来，这里要用一般将来时态，故"see"需要改为"will see"。此外，英语时态要特别注意一点：描述众所周知的真相和广泛存在的真理时，都要用一般现在时进行表达。这个语言知识点映射出西方人的文化内核：突出其对事实和真理和的尊重和追求。在英语学习中，学生回避使用英文的各种时态，对时态产生混淆，也是受中文不重视时态表达影响。因此，深刻理解语言背后的文化内涵，规避母语负迁移的不利影响，有助于学生加深对语言知识点的理解和记忆，从而激发其发散性思维，全方位提高学生的英语水平和跨文化沟通能力。

5. 不同情/语境中的意义差别

情/语境包括上下文语境、实际语境和社会文化语境。词典中的词是脱离情境、语境的字面意思，学生如果没有语用能力，就感觉不到文章作者发出的信息和意图，无法从一个词的多个意思中选出符合语境的意思。例如，We request the pleasure of your company. 这句中的"company"一词，在词典中是"公司"的意思，翻译时学生会译为：我们真诚邀请你们公司前来参加。其实"request the pleasure of your company"意思是恭候光临，属于书面邀请中的固定用法。

6. 英汉思维方式差异

英汉思维方式主要有三方面差异。一是英汉思维角度差异。汉语中我们喜欢具体的思维模式，用具体概念描述人和物，而英语习惯于抽象思维，喜欢抽象地表达具体的人或物。例：Anger and bitterness covered upon me for weeks. 愤怒和痛苦笼罩了我好几个星期。二是句子表达的主客体差异。例：It appears that the two leaders are holding secret talks. 两位领导人在进行密谈。三是句子的显性与隐形差异。英汉对比研究学者认为英语句子是树状结构，句中充满从属结构，句子的主干、分支十分明显，句法特征是形合的，一个句子是一个完整的语义。而汉语句子中充满了并列结构，句中通过各成分的内在逻辑关系贯穿在一起，看似连接实则独立，以意组句，呈现竹状结构。例：The village had ten households who all lived on fishing and farming. 这个村庄有十户人家，靠捕鱼和农业为生。

7. 介词用法的差异

中英文都有对时间的表达。因为中西方人对时间理解角度的区别，在时间的表述上也不尽相同。不同的话语体系采用不同的隐喻方法描绘时间概念，如中文有"上午、下午""上周、下周"相关表达，这些表述显示中文对时刻和时间投射的空间为垂直方向。而英文对应的空间为水平方向，如 last week、next week。了解这个中西方文化差异，在翻译中文的时间概念时，不能把"上、下"机械地等同于"up, down"。在语言学习中，把握中西方文化的认知规律，更容易清晰准确地记忆表达。

中国人在使用介词时，会出现泛化和张冠李戴等语法错误，这也是受到汉语母语负迁移的影响。中英文对于地点介词的使用大有不同。中国自古幅员辽阔，家国思想深入人心，天下大同观念根深蒂固。这种核心价值观也映射在地点介词的使用上。所以，中文地名中前缀介词没有精准区分，几乎所有地名前的介词都被"在"一字概之如"在中国""在家里""在桌子上"。无论地点范围大小，一律称为"在"。

而在西方，无论国家还是人民都强调"个人主义"，注重隐私和界限感，并强调地区的差异和量化的对比，倾向对地点、位置及范围更精确的表达。所以用英语表达方向位置时，要特别注意介词的用法：根据地点范围的大小，使用不同的介词，如"在中国"为"In China"，"在家里"为"at home"，"在桌子上"为"on the desk"。英文地点介词复杂化和多样化也体现出其严谨的思维方式。

（三）跨文化沟通中文化迁移教学应对策略

有效的课堂教学策略能够帮助学生正确掌握词汇的意义、语用、文化内涵、隐喻等，并建立良好的英语基模系统，真正克服汉语负迁移现象。

1. 利用真实语料，观察外语词汇的使用

YouTube、Science Alert、The Atlantic 等丰富的媒体资源，为我们提供了大量真实语料。学生通过学习，掌握文化及语言应用的第一手资料，进而和汉语做比较，增强他们在语义上反复推敲的能力。教师在课堂上利用外语媒体资源，要求学生主动去探索其中的文化色彩、人物、情境和语境。教师也需要充分为学生解释文本中的语言文化和情／语境。

教师要及时布置课后任务，多些实践性内容，如通过观看视频资源，让学生罗列其中的习语及其变体、一词多义、特殊用语（委婉语、宣传语等）、典故、双关语等，利用这些词语进行模拟，学生可以更好地融入英语语言文化，使外语学习更具互动性、趣味性与真实性。

2. 提高语言输入的准确性

词汇教学中可以通过两种方式进行：一是教法，二是教材。教法上具体实施方法有：可以通过引出词汇文化背景知识，让学生纵向地深入学习一个词所含深蕴；通过给词汇加前后缀，变成不同的词形，让学生达到学一个记多个词的效果；通过一名学生描述，其他同学猜词游戏来掌握一个词；将词汇放在文中，结合上下文语境讲解或根据单词的意思营造一个完整的语境来诠释单词；通过讲解词汇来源和历史，加深学生对单词的印象；通过聆听 BBC、VOA 等英语广播，要求学生找出其中运用幽默、嘲笑、讽刺、婉转的词。其次是加强教材的建设。长期

以来我们选用的教材不是真实地道的英语材料,而是经过加工的语言形式,和现实交际存在差距。因此,最好将英语原版内容直接引用,题材内容可以涉及文化交流、信息技术、科学教育、社会焦点等各个方面,语篇文体上应该设计小说、散文、诗歌、笑话、漫画等多种类型。这样的教材具有趣味性、时代感和文化内涵,并且贴近真实的交际内容。

3. 建构英语基模系统,让语言和实质知识内容相连

人类根据社会文化、个人经验进行沟通,然后将经验整理,存储于各种心理类别中,形成一个知识库,这些类别就是基模。由此可见,基模知识是从经验中获得的背景知识。英语基模知识与词汇连接并进行建构形成了词汇意义。外语基模知识如何建立的呢?外语基模知识主要包含两方面:内容基模与形式基模。内容基模主要是概念内容;形式基模包括语气、目的、修辞。首先,通过观看原版电影或阅读英语漫画、诗文,学生能够体会到说英语的人士常用的表达方式,并要求学生讨论其中的意义及有趣点,慢慢培养英语修辞基模。其次,教师多采用归纳教学法,让学生多接触真实的外语材料,多做理解练习,减少机械背诵,学生根据文本意境,推敲词的意义,不要过多依赖词典,词典中的释义可能是脱离语境的。再次,在课堂阅读中教师可以进行这样的任务设置:文中的单词hospital、college、grocery,要求学生形容一下在他自身和文化经验里有关于这个词的视觉、嗅觉、触觉、认知等要素。最后,可以在课堂中设计一项活动,让学生从中找出本节课关键词的基模或情景,此活动情景创设要选取生活里的真实材料。

第三节　跨文化沟通能力的培养与高校英语教学

一、跨文化沟通能力的培养

(一)建立正确的跨文化沟通意识

跨文化沟通是双方参与的双向互动过程。因此,在跨文化沟通过程中,交际双方应当拥有平等的话语权、平等沟通的文化意识。对于高校的外语专业学生而

言，习得一门外语既包括掌握语言点，又包含了解目标语言的文化内涵。学习任何一门语言，都不可以忽略其包含的民族文化。教师应引导学生客观学习外语背后的文化背景，但也要提醒学生时刻保持中立、公允的态度。学贯东西，求同存异，互惠互利，协同进步，这才是学习外语的真正目的。

此外，对于英语专业的学生而言，激发和强化其跨文化意识，是实现培养其跨文化沟通能力的基础所在。学生只有具备了较强的跨文化意识，才能真正激发其主观能动性，积极主动精准地捕捉跨文化交流过程中的文化因素，并对不同文化的属性做出正确的判断，从而从跨文化沟通活动的表象中剥离出本质。为达到这一目标，首先，需要进一步强化专业课程教学中的文化背景知识的学习。其次，通过案例教学法引入大量鲜活的案例，进行对比剖析，请学生提出个人见解和解决方案，使他们亲身感受文化差异的存在，以及文化差异带来的误解、尴尬和冲突，并探索解决问题的途径，增强跨文化意识。

（二）改进教学方式方法

从教学角度而言，教学内容要符合实际情况。教师务必做到以学生为中心，以增强学生的跨文化沟通能力为导向，并配合切实有效的教学方法，最终更好地提升跨文化教育的效果。

1. 以研究为导向的学习模式

以研究为导向的学习模式不仅仅注重研究和实践，而且还强调开放性及可操作性。因此，教师应改变原有的教育理念，以教学内容为基础，积极探索和应用多元化文化素材及多种教学模式。在具体教学活动中，教师应该有意识地指导学生用外语介绍中华优秀传统文化，引导学生收集资料并挖掘中华文化的深层内涵，辅助学生分析中华文化的内在特征及历史渊源，进而使学生切实体会到中西方的文化差异，认同中华优秀传统文化，坚定文化自信。

2. 以团队合作为基础的学习模式

基于任务型教学法，这种学习模式以团队为基本学习单位。以结构主义理论为指导，该学习模式强调学习的目的性、真实性、合作性及反思性，包含多个具体的学习任务。教师分配学习任务并给出具体指导，学生查找资料、撰写研究报告并完成课堂讨论。这种教学活动能够充分激起学生的学习兴趣，使语言学以致用，最终切实发挥语言的交际功能。

3. 以多媒体为辅助的自主学习模式

随着互联网的快速发展，多媒体技术为外语学习提供了良好的学习环境。教师可以有意识地收集典型的实例或图片用于本国文化教学，并将这些教学实例翻译成英文。这样不仅能够增强学生对于中国传统风俗、文化、艺术、人文地理的认知和理解，而且可以有效提升学生对中华优秀传统文化的学习效果。在课堂活动中，学生可以提出问题、各抒己见并展开讨论。课余时间，教师充分利用校园网络平台及自主学习的外语学习中心，为学生提供海量学习资源供其自主学习。

（三）讲授丰富的文化知识

文化知识本身是发展跨文化沟通能力的基础因素。了解到的文化知识越多，对于文化差异性的敏感程度就越高。文化的差异性是跨文化沟通能力培养的另一个核心。因此，学生应更多地参与到文化交流相关的活动中，不仅仅是中国文化，还包括世界各地的文化。文化知识的讲授和学习会开阔学生的视野和格局，对多元文化持包容的态度。

（四）培养辩证的文化意识

在传授具体文化知识的基础上，辩证的文化意识也是学生跨文化沟通学习的重要一环。辩证文化意识是指对于本国及外国文化乃至世界文化的角度、实践和产出进行辩证的思考的能力。它也指对于文化沟通过程中各种行为的理解能力。这样的文化差异意识是根据充足的文化知识确立起来。除掌握文化知识外，处理紧急的文化协商并且在不断变化的环境中寻求文化的平衡，也是辩证文化意识的重要组成部分。

培养学生辩证的文化意识需要具体的教学方法，如带领学生探索国外文化，包括文化特点和礼仪等。也可以通过探索语言学习的材料来引导学生辩证地评价图片和描述。教师作为文化的传播者，在引导学生培养辩证文化意识的过程中起着重要作用。文化不仅是一个结果，还是一个不断变化的过程。因此，教师要引导学生进行反思、比较、评估，在不断变化的文化情境下进行辩证文化意识的培养。

（五）发挥第二课堂的作用

了解世界上其他国家的不同文化背景、人文风俗是跨文化沟通的基础。大量的教育工作者和跨文化研究者对此已做了许多探索、尝试和总结。随着"互联网+"时代的发展,对不同文化了解和感知的渠道更为多样化。除传统的阅读原文、观看原版影视剧、听唱英文歌曲、戏剧表演配音等方法外,教师可以有意识地引导学生通过网络获取海量的学习资源,也可以充分利用第二课堂或网络教学资源库为学生提供跨文化学习的平台,使学生不仅接触和习得更原汁原味的英语,而且还能更直接地体验对方民族的思维模式、行为习惯、文化习俗和处事方法等,在潜移默化中了解了文化差异,提升了跨文化敏感度。

众所周知,对于国内高校外语教学而言,课堂的教学时间是远远满足不了教学需要的。因此,第二课堂应运而生。第二课堂采用多渠道开展双向文化交流,有利于实现课内外教学内容的有效联结。这不仅可以拓展学习空间、激发学生的潜能,而且能够锻炼学生的自主学习及团队合作能力。教师应该帮助和引导学生认真设计第二课堂的学习活动,力求挖掘出教材涵盖的双语文化因素,充分应用英语角、读书会、英语论坛等多种活动,创造外语学习氛围。由此,学生可以体会到外语学习的成就感及跨文化交流的乐趣。

1. 引导学生利用课余时间阅读与中华优秀传统文化相关的英文著作

大量研究表明,英文阅读能力不仅仅取决于学生的词汇及语法知识,而且在很大程度上会受到文化背景知识的限制。然而,教师在课堂所讲授的文化知识无法满足学生跨文化交流的需求,学生需要大量的课外阅读来弥补不足。因此,教师可以推荐学生利用课余时间阅读中国名著的英文译本。教师还可以充分利用英语角或读书报告等方式鼓励学生分享读后感。这会极大地增强学生的民族自豪感和民族自信心。此外,在这种轻松而愉悦的氛围中,学生不仅可以畅游文学海洋、领略中华优秀传统文化的精髓,而且能够激发自身的爱国情怀。

2. 引导学生创建跨文化交流园地

教师可以引导和鼓励学生组织并建立跨文化交流园地。在这里,学生可以克服"不敢张口"的恐惧心理,大胆参与跨文化交流,切实融入文化氛围并最终有效培养跨文化沟通能力。如果外语类教材缺少中华优秀传统文化因素,教师可以鼓励学生收集并整理相关素材。在具体课堂活动中,教师可以采用分组讨论、课堂展示等方式展开教学。

3. 引导学生利用中国传统节日弘扬中华优秀传统文化

中国传统节日映射出中国五千多年文明史。这些节日本身就传递了"天人合一""民族自信"等理念。它们为学生提供了丰富的人文教育及素质教育资源。在课堂教学中，教师在介绍西方节日的同时，可以选取中国传统节日进行跨文化对比。中西方节日对比有利于确立客观公正的文化观，避免盲目追捧西方节日。课余时间，教师可以组织学生开展演讲等课外活动了解中国节日文化。比如，中秋节，学生可以邀请外教或外籍学生一起赏月、吃月饼、吟诗作对等；元宵节，师生品元宵、猜灯谜；端午节，师生共同包粽子、赛龙舟。通过各种节日互动，学生更深入地了解中华优秀传统文化，进一步坚定文化自信，树立正确文化观。

（六）选择科学合理的文化教材

教材作为文化教学内容载体，或隐含或明确地反映了文化价值观和态度。跨文化沟通教学中没有单一的标准教材。"一刀切"的理念是不可取的，需要做的是仔细合理地选择材料。首先，可以选择多种不同的教学材料，这可以补充彼此的缺陷。可以使用视频或电影选段，在有些视频中跨文化交流实践被直接地体现出来。适当的教学材料可以为学生提供积极构建和注意语言和文化方面的机会，与他们的个人生活、文化或以前的学习建立联系，在社交方面进行互动、反思语言和文化并分担与来自其他文化的人进行有效沟通的责任。在课堂上应用材料的阶段，需要进行关键的调整以使材料适合课堂环境。因此，教师应该在使用材料的同时将他们的理解和学生的文化背景融入课堂环境中。

（七）调整文化课堂相关的考核体系和教学计划

学生考试的内容和系统都应该进行修改，以便更好地将跨文化沟通能力融入语言教学中，这对学生来说是很重要的能力。首先，每学期的期末考试应包括与跨文化沟通能力相关的文化知识。例如，可以要求学生写一篇小论文来表达他们对一些有争议的跨文化沟通情境的思考和评论。这可能比单独的语言测试更好。此外，考试最好能调整为一学期内多次评估。形式也可以丰富，不仅以考试的形式，还可以通过在谈论跨文化沟通能力问题或课堂行为的同时观察他们的小组工作来进行测试。评估系统应包括涵盖跨文化沟通能力的综合行为。跨文化沟通能力是语言的一个关键要素，应该将跨文化沟通能力考核纳入高校学生水平测验中。

教师是跨文化沟通能力教学的关键角色。教师应首先对跨文化沟通能力的重要性和跨文化意识有强烈的认识。只有这样才可以提升学生跨文化沟通的能力。因此，教师应重视培训计划。教师定期跨文化沟通能力培训十分重要。专家可以被邀请到高校，或教师可以走出高校进行短期培训。各高校的教师也可以通过跨文化沟通能力教学的会议、研讨会或课堂观察互相访问和学习。

（八）增加文化实践活动

只在课堂上教授跨文化沟通能力还不足以全面学生和增强跨文化沟通能力。太多的文化理论占据了课堂，使学生在跨文化背景下缺乏具体的经验。因此，高校可以通过举办跨文化沟通的节日、国际美食节或语言研究等活动来帮助学生获得更多机会。

二、跨文化沟通视域下的高校英语教学

（一）创新英语教学新模式

无论是哪一门学科的教学都必须以激发学生的学习兴趣为主，这样才能提升学生的能力。因此，在现代化教学理念的深入下，翻转课堂、小组合作被应用到了大学英语教学中来，以提升教学的有效性和针对性。对大学英语基础课可以采取翻转课堂辅助学习，拓展课则由小组合作自由开展。翻转课堂上，学生的自主学习能力得到了提升，在课堂针对难点问题开展分析和讨论，以激活学生的英语思维，提升学生的学习能力。在基础课堂中，翻转课堂的应用不仅拓宽了教学手段，而且提升了学生的课堂参与度。这一全新模式在英语拓展课中的应用，凸显了学生的主体地位，提升了学生的跨文化沟通能力。

与翻转课堂相匹配的教学模式——小组学习法，也可以被应用到英语教学中。美国大学教授对小组合作学习下了这样的定义：合作学习指的是学生以小组为单位参加学习活动，在小组合作中获得知识、提升自身的能力。有研究表明：小组合作学习对学生学习自信心、自尊心及学习态度有着深远的影响。所以根据学生的实际情况科学划分小组是保证学生学习效果的基础。

"翻转课堂+小组合作"的方式不仅实现了英语教学模式的创新，而且增强

了学生的合作意识，为其跨文化沟通能力的提升做好了坚实的铺垫。

（二）创新课程测评机制

以培养大学生跨文化沟通能力为主的大学英语教学，要摆脱以考试"一锤定音"的测评方式，而是改为注重形成性评价，尤其是课内外评价的结合可以达到培养学生跨文化沟通能力提升的目的。基于此，大学英语课程要调整测评方式，调整终结评价和过程评价的比例，比如将期中期末考试成绩和学生的日常表现比例设定为6：4，而且要改革作业和考试方式。在一些试点大学中，英语作业不仅有常规作业，也有读后感、阶段学习反思小日记等，当然也可以是报告或辩论的形式。课程评价从静态转为动态，更注重学生在学习中表现出来的态度、思维。

要针对不同英语课程，改革测评方式，比如笔试、口试或学期论文等。但无论采取哪一种考核方式，都必须以全新的测评机制为保障，这样才不会偏离培养学生跨文化沟通能力的初衷，同时也要加强英语考试题型的改革力度。无论是基础课还是拓展课，都要加大主观题的比重，适当地减少客观选择题的分值。在一些试点大学，英语测验已经从选择题改为判断、评价等主观题，并设置考查学生跨文化沟通能力的英语问题。通过调整英语测评机制督促学生的学习，不仅保证了教学效果，而且真正地将培养学生跨文化沟通能力的教学目标落到了实处。

（三）加强宏观教学管理

加强宏观教学管理，需要从课程的设置、教学大纲的制定、教科书的编撰、课堂活动的设计及师资的配备等方面重新思考和定位外语教学活动。在外语专业课程中，高校应充分意识到跨文化沟通的内涵，并科学合理地安排教学目标及教学内容的设定、教材及教学方法的选择、实际的教学演练、教学效果的评价等。国内的外语教学应基于国内教学实际及语言学习环境，与各校实际情况相结合，建立具有中国特色的跨文化外语教育系统，并使跨文化教育的内容逐步标准化、系统化。

1. 调整外语类教学大纲

教学大纲规定教学活动的目标。目前，国内高校外语教学的教学大纲仅从某种程度上反映出文化因素的重要性，但并未对中华优秀传统文化的内容和作用形成足够的重视。由此可见，教学大纲应该从学生实际出发，制订明确的、细致的、能够反映时代要求的跨文化学习目标。中华优秀传统文化作为外语教学的重要组成部分，对其的学习应融入外语教学的各个科目之中。此外，教学大纲的词汇还应囊括汉语及外语近些年衍生的新词汇、新短语及新习语。通过这种方式，教师能够时刻关注中华优秀传统文化在外语教学中的地位及作用，并由此改变跨文化教学中长期存在的偏见。

2. 改变外语教学的评估系统

当代部分大学生对中国本土文化态度淡漠，认知不足。为了改变这一现状，笔者建议在各种测试中增加中华优秀传统文化的相关内容，从根本上提高学生的跨文化沟通能力。国内大学生普遍参加英语专业四级、英语专业八级、公共英语四级和公共英语六级测试。因此，笔者建议在这些测试中增加中华文化的考查内容。这种改变可以促使学生从死记硬背知识点转向注重文化认知力及理解力。为了实现这一目标，教师也应在教学中增加中华优秀传统文化的讲解，在日常作业及测试中增加对文化知识的考查。

三、跨文化沟通视角下大学生跨文化沟通能力培养的路径

跨文化沟通能力主要由沟通能力衍生而来。这一能力不仅包含语言表层知识的运用，还包含在满足语言交流社会文化背景下的实践运用。在进行外语教学过程中，教师可以通过以下方法进一步提升学生的跨文化交际能力。在我国高校英语教学标准中，提高大学生跨文化沟通能力是核心内容。针对高校英语教学跨文化沟通能力培育存在的问题，必须从跨文化沟通能力的内涵和培养定位出发，着力培养大学生的跨文化沟通能力，以凸显教学效果。

（一）更新思想观念，打下坚实基础

在外语教学中，传统英语水平评价方式主要为大学英语四、六级成绩。大部分学生在学习英语知识的过程中更注重提升自身词汇量及语法水平，忽视了提升自身英语口译、积累英语文化知识的重要性，在一定程度上限制了学生英语跨文化交际能力的提高。在高校传统英语教学过程中，大部分英语教师将英语语法与词汇作为英语教学的关键点，即使近年来部分英语教师已经认识到跨文化交际在当前英语教学中的重要性，并在教学过程中将中西方文化融入教学中，但很少有

英语教师专门训练学生的跨文化交际能力。这就使得部分学生即使表面上了解了大量与跨文化交际相关的知识，但仍无法在实际交流过程中顺利运用这些知识。大部分高校课程设置目标在于帮助学生掌握专门的技能，以便毕业后能尽快适应工作环境，为后续工作开展提供助力。针对上述问题，在目前的英语教学当中，首先，高校英语教师要认识到当前社会对英语人才的需求量，以及用人单位在跨文化交际过程中对人才英语水平的需要，依据社会需求转变自身思想观念；其次，教师可以通过在课堂上向学生介绍当前社会对人才英语水平的要求情况，增强学生强化自身跨文化交际能力的动力；再次，为进一步提升学生的跨文化交际能力，教师要在考虑学生实际英语水平、兴趣爱好及当前英语教学任务的基础上，选择合适的教学方式，在教学过程中渗透中西方文化差异，激发学生了解中西方文化差异的兴趣；最后，教师可以通过创建相应的英语交流场景，开展各类英语实践活动，在锻炼学生跨文化交际能力的同时，为学生英语交际能力的提升打下坚实的基础。

（二）善用信息技术，创新教学模式

当前，我国已进入"互联网＋"时代，以大数据、云计算、物联网、区块链等为核心的信息技术对社会发展、个体学习、工作场景等产生了意义深远的影响。基于"教育信息化"的要求，高校英语教学必须及时嵌入信息技术，以提高学生跨文化沟通能力培养的效果。

首先，应用信息技术获取教学资源。单纯以英语教材为语言教学资料已无法满足高校英语课程教学的需要，尤其是在提高大学生跨文化沟通能力的维度下，必须通过互联网获取与跨文化沟通能力相关的多元文化交流的音频、视频、文字等教学材料，开展虚拟沉浸式教学，以加深大学生对异域文化的理解，进而树立跨文化沟通意识。

其次，应用信息技术增强教学活力。在课堂教学中应用信息技术，将传统以教师为主体的理论知识单向性讲授范式转变为以学生为主体、以教学互动为核心的双向性教学范式，提高大学生参与课堂教学的主动性，并着重于大学生知识、能力的自主建构，从而营造良好的教学生态，变"要我学"为"我要学"，提高课堂教学效率。

再次，应用信息技术改变教学方法。2019年2月，中共中央、国务院印发的

《中国教育现代化2035》中明确指出："创新人才培养方式，推行启发式、探究式、参与式、合作式等教学方式……培养学生创新精神与实践能力。"[1] 大学生跨文化沟通能力是一种以扎实的理论知识、良好的文化意识、正确的文化策略、过硬的调适能力为基础的语言输出能力。培养该能力应以实践为基础，信息技术作为重要教学手段，将信息技术融入高校英语教学，通过开发微课、慕课、网络学习平台等教学资源，建构大学生英语教学"线上+线下"混合式课堂、翻转课堂、微课堂等，开展任务式教学、案例式教学、互动式教学、讨论式教学，让学生在课前进行线上预习，教师在授课时只需将学生在预习中存在的问题进行集中讲解并阐述重点教学内容，把更多的时间交给学生去探究、合作、交流与互动，营造亦学亦做的良好氛围，激发学生自主学习的动力，最终提高教学效果。

（三）突出学生主体，增强教师能力

高校英语教学培养大学生跨文化沟通能力，关键在于教师。教师教学能力、专业素养的强弱，直接决定大学生跨文化沟通能力培养的效果。在传统课堂教学中，教师忽视异域文化的输入，扮演着课堂掌控者的角色，导致大学生在课堂教学中成为"被动接受者"，这不利于大学生跨文化沟通能力的培养。因此，高校英语教学必须突出学生的主体地位，以大学生知识、能力需求为目标开展教学。

首先，教师要善于转变角色，由传统的教学掌控者、知识传输者转变为教学组织者、引导者，围绕提高大学生跨文化沟通能力的要求制定教学标准、整合教学资源、设计教学课堂，以激发大学生课堂学习兴趣，循序渐进地开展教学。其次，教师要建构和谐课堂，使传统单向、不平等的师生关系转变为双向、平等的师生关系，建立"亦师亦友"的课堂生态，引导学生"乐学、好学、善学"，从而提高大学生知识、能力学习的心理效益。最后，教师要提高自身专业素质。俗话说："台上一分钟，台下十年功。"培养学生的跨文化沟通能力，要求教师必须具备较高的跨文化沟通能力，针对自身专业素质薄弱的问题，教师必须强化理论学习，以掌握丰富的跨文化沟通知识；要加强信息技术应用的学习，自主整合开发信息教学资源，为课堂教学提供丰富的素材；要通过实践、交流、探究、总结等方式不断提高实践教学能力，以帮助大学生顺利开展跨文化沟通活动。

---

[1] 中共中央、国务院印发《中国教育现代化2035》[EB/OL].（2019-02-23）[2021-07-08]. http://www.moe.gov.cn/jyb_xwfb/s6052/moe_838/201902/t20190223_370857.html.

（四）更新教学内容，提供良好素材

笔者对当前大部分高校的英语教材进行分析后发现，尽管部分教材的选材内容具备较为宽广的选材跨度，但不论是教材文本还是课后练习，都更注重考查学生对词汇及语法的掌握程度，很少介绍文章涉及的西方文化背景。这就使得大部分英语教师在开展教学的过程中受限于课堂教学时长，不可避免地忽视了向学生介绍中西方文化差异的重要性，严重阻碍了学生跨文化交际能力的提高。现阶段，解决上述问题最为直接的方式就是选择具备跨文化交际内容的教材，但部分高校经费有限，无法及时更新教材版本，教师可通过在课堂教学过程中融入跨文化交际内容的方式提升学生英语交际能力。

1. 依据文章内容导入相应的西方文化背景

为进一步提升学生对中西方文化差异的理解，教师在教学过程中可以依据教材中的文章内容，导入部分与文章内容相关的西方文化背景，向学生细致介绍西方文化发展情况，提升学生对西方文化知识的了解深度。例如，英语教材中往往会存在一些对西方国家文化、历史事件相关的内容，现阶段我国"一带一路"倡议不断推进，可以将"一带一路"沿线国家的一些典型风俗习惯渗透到文章背景介绍中，激发学生对英语的学习兴趣，拓宽学生眼界，为学生跨文化交际能力的增长打下良好的基础。

2. 将跨文化交际内容引入课程构建中

课程体系的构建是当前高校英语课程教学开展的基础。随着经济全球化、文化全球化的不断发展，为进一步提升学生跨文化交际能力，提升高校毕业生竞争力，高校在开展英语课程体系构建的过程中，需要进一步增强自身对于培养学生英语交际能力及文化意识的重视程度。举例来说，某高校的国际贸易专业，在开展英语课程体系构建的过程中，在传统英语知识教学及贸易商务英语教学的基础上，添加了"英语国家文化概论""跨文化交际技巧"等与跨文化相关的课程，系统化地向学生讲解不同英语国家的文化历史知识，为其后续的工作生活打下坚实的基础。同时，为进一步提升其他专业学生的跨文化交际能力，该院校通过开设英语跨文化交际讲解选修课的方式，引导学生更为深入地认识中西方文化之间的不同，进而达到强化自身跨文化交际能力的目的。

3. 将跨文化交际与第二课堂相融合

在当前高校外语教学过程中，学生必修课学时有限，为进一步提升学生的跨文化交际能力，教师可以将跨文化交际内容与第二课堂融合到一起，进一步提升学生的英语交流能力。具体来说，在高校中，第二课堂作为培养学生知识技能的主要平台之一，面对当前课堂教学无法切实提升学生跨文化交际能力的现状，院校方面可以通过开展英语话剧表演、诗歌朗诵等形式的第二课堂，潜移默化地提升学生的英语知识积累量，并且在活动结束后，教师还可以通过向学生介绍与第二课堂中学生展示的英语表演相关的英语文化知识的方式，加深学生对于中西方文化差异的印象，进而提升学生跨文化交际能力。

（五）明确培养定位，营造文化氛围

人是文化的产物，良好的文化氛围对大学生跨文化沟通能力的培养意义重大。首先，要注重教学情境设定，在高校英语教学中，教师要根据教学内容、教学目的等设计教学场景，为大学生营造跨文化沟通氛围，通过小剧本演出、角色扮演、台词对白等鲜活的教学形式，培养大学生的行为潜势和意义潜势，提高大学生的文化迁移能力。其次，要强化教学实践活动组织。"纸上得来终觉浅，绝知此事要躬行。"跨文化沟通能力培养贵在实践，要通过开展社团活动、文化交流等提高大学生对异域文化的感知力，以增长知识，开阔视野，形成文化交流能力和调适能力。最后，要创造文化交流机会。结合大学生跨文化沟通能力培养目标，高校要积极开展工学结合、校企合作、产学研深度融合教学，遴选优质企业的匹配度高的岗位让大学生进行顶岗实习，引导大学生将英语知识学以致用，增强学生英语综合运用能力，进而实现跨文化沟通能力的提升。

总之，大学生跨文化沟通能力培养是高校英语教学的出发点和落脚点。为此，高校要明确大学生跨文化沟通能力培养的定位，从扎实的理论知识、良好的文化意识、正确的交际策略、过硬的调适能力等方面出发，建构大学生跨文化沟通能力框架，可以通过善用信息技术、创新教学模式、突出学生主体、增强教师能力、明确培养定位、营造文化氛围等措施，着力提升大学生跨文化沟通能力。

第四节　小结

在全球化背景下，英语教学服务社会的一大表现便是跨文化能力的培养。而大学英语教学长时间以来以学生通过考试等级为教学目标，抑制了学生跨文化交流能力的发展。英语是一门语言学科，以培养学生的交际能力为主。大学英语教学改革的意义不单是丰富学生英语知识、提升学生英语能力，更在于培养学生的跨文化交流意识。高校领导和教师要改变以往的教学理念，积极创新教学模式，以提升学生的跨文化沟通能力，推动大学英语教学的创新与改革。

参考文献

[1] 王万智.高等学校外籍教师跨文化教学管理要素创新研究[D].沈阳：东北大学，2015.

[2] 杨森.英语学习对大学生文化认同影响研究[D].济南：山东师范大学，2016.

[3] 李洁.大学英语跨文化交际能力培养体系研究述论[J].湖南科技学院学报，2015，36（12）：148-150.

[4] 张利华.关于高校英语跨文化教育教学探究[J].黑龙江教育学院学报，2016，35（1）：122-123.

[5] 史金婵.浅谈大学英语写作中的英汉思维差异及教学策略[J].大学教育,2016(2)：80-82.

[6] 葛春萍，王守仁.跨文化交际能力培养与大学英语教学[J].外语与外语教学，2016（2）：79-86；146.

[7] 郝煦.跨文化交际对大学英语课堂的影响[J].教育教学论坛，2016（23）：7-8.

[8] 李萌萌，刘梓樵.大学英语教学中学生跨文化交际培养策略浅析[J].吉林省教育学院学报，2016，32（6）：11-14.

[9] 刘晓莉.论大学英语教学如何培养学生跨文化学习能力[J].读与写（教育教学刊），2016，13（11）：10；57.

[10] 严泓.文化差异视阈下的大学英语教学策略探索[J].课程教育研究，2016（18）：84-85.

[11] 路璐.《新标准大学英语综合教程》中的中国文化失语症调查研究[D].西安：西安外国语大学，2016.

[12] 白文霞.非英语专业大学生跨文化交际能力现状研究[D].天津：天津师范大学，2016.

[13] 王丽君.大学英语听力教学对艺术专业新生跨文化交际能力培养[D].大连：辽宁师范大学，2016.

[14] 许生力.跨文化能力构建再认识[J].浙江大学学报（人文社会科学版),2017(3)：

132-139.

[15] 李洁.大学英语教学中学生跨文化交际能力的培养策略[J].科技展望，2015，25（4）：197.

[16] 李颖.非语言交际的文化差异与大学英语教学关联性研究[J].长春大学学报，2015，25（4）：109-111.

[17] 毛力.英语专业写作课英语思维训练模式研究[J].大学教育，2015（10）：93-94.

[18] 王瑛.中西方思维模式差异与大学英语教学[J].科技视界，2015（34）：151；176.

[19] 关世杰.跨文化交流学[M].北京：北京大学出版社，1995.

[20] 李静.跨文化视角下《新视野大学英语》教材西方文化内容研究[D].呼和浩特：内蒙古师范大学，2015.

[21] 孙淑女.范式视阈下的跨文化适应理论[D].杭州：浙江大学，2015.

[22] 郑红苹.大学英语写作诊断式教学研究[D].重庆：西南大学，2015.

[23] 陶涛.大学英语教学有效性问题研究[D].武汉：华中师范大学，2015.

[24] 张庆华.高校英语教师阅读教学实践性知识个案研究[D].北京：北京外国语大学，2015.

[25] 杨元刚著.英汉词语文化语义对比研究[M].武汉：武汉大学出版社．2008：14.

[26] 桂诗春.实验心理语言学纲要：语言的感知、理解与产生[M].2版.长沙：湖南教育出版社，2001.

[27] 王小潞，李恒威，唐孝威.语言思维与非语言思维[J].浙江大学学报（人文社会科学版），2006（3）：29-36.

[28] 乐黛云.文化差异与文化误读[J].中国文化研究，1994（2）：17-19；6.

[29] 朱艳燕.中西文化差异对英美文学作品翻译的影响[A].2020年课堂教学教育改革专题研讨会论文集[C].2020年课堂教学教育改革专题研讨会论文集：教育部基础教育课程改革研究中心，2020：1799-1800.

[30] 中共中央、国务院印发《中国教育现代化2035》[EB/OL].（2019-02-23）[2021-07-08].http：//www.moe.gov.cn/jyb_xwfb/s6052/moe_838/201902/t20190223_370857.html.